트루 셀프 코칭

깨어나는 여성의 리더십과
영어 커뮤니케이션

지난 50년 간 '노윤경'을 만들어주신 스승께 깊이 감사 드립니다.
* 평생 최선의 삶이 무엇인지 보여주신 부모님께
* 언어를 넘어선 무한 세계를 보여주신 무여스님께
* 전세계 코칭 전파라는 꿈을 보여주신 멘토코치 Pam께

앞으로 남은 제 삶을 밝혀줄 여러 스승께 감사 드립니다.
* 존재로서, 여성으로서, 현실을 초월한 아름다운 삶을 보여준 Maya Angelou 박사께
* 〈100 Coaches: pay-it-forward project〉로 세상을 밝히는 Marshall Goldsmith 박사께
* 〈True Self School〉에 함께할 이사진과 멘토 그룹 그리고 실무진들께

TRUE SELF COACHING

트루 셀프 코칭

깨어나는 여성의 리더십과
영어 커뮤니케이션

지은이	노윤경
초판 1쇄 인쇄	2018년 3월 28일
초판 1쇄 발행	2018년 4월 4일
발행처	이야기나무
발행인/편집인	김상아
기획/편집	김상아, 박선정
홍보/마케팅	한소라, 김영란
디자인	뉴타입 이미지웍스
인쇄	중앙 P&L
등록번호	제25100-2011-304호
등록일자	2011년 10월 20일
주소	서울시 마포구 양화로 10길 50 마이빌딩 2층
전화	02.3142.0588
팩스	02.334.1588
이메일	book@bombaram.net
홈페이지	www.yiyaginamu.net
페이스북	www.facebook.com/yiyaginamu
블로그	blog.naver.com/yiyaginamu

값 16,800원

© 노윤경
이 책은 저작권법에 따라 보호받는 저작물이므로 무단전제와 무단복제를 금하며, 이 책 내용의 전부 또는 일부를 인용하려면 반드시 저작권자와 이야기나무의 서면동의를 받아야 합니다. 잘못된 책은 구입하신 곳에서 교환해 드립니다.

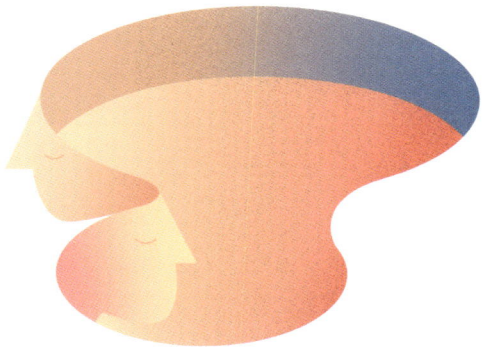

08　**프롤로그**　참나(True Self)의 여정
12　추천의 글
20　깨어나는 여성 리더에게 보내는 편지

제 1 장. 삶에서 찾은 세 가지 답

34　첫 번째. 영어, 못난이 둘째 딸의 삶을 바꾸다
50　두 번째. 명상, 참나를 만나다
62　세 번째. 코칭, 나다움을 살다

제 2 장. 트루 셀프 코칭 7가지 성공 원칙

80　**성공 원칙 1. Self-awareness : 나를 인식하고 발견한다**
86　리더를 위한 성공 원칙 1 적용 사례
89　독자를 위한 실용 가이드

92　**성공 원칙 2. Insight : 시간과 공간을 통찰한다**
97　리더를 위한 성공 원칙 2 적용 사례
100　독자를 위한 실용 가이드

102　**성공 원칙 3. Presence : '지금 여기'에 존재한다**
106　리더를 위한 성공 원칙 3 적용 사례
109　독자를 위한 실용 가이드

114	**성공 원칙 4. Design : 리더십과 영어 커뮤니케이션을 설계한다**
122	리더를 위한 성공 원칙 4 적용 사례
124	독자를 위한 실용 가이드
126	**성공 원칙 5. System : 자기주도 시스템을 구축한다**
132	리더를 위한 성공 원칙 5 적용 사례
136	독자를 위한 실용 가이드
140	**성공 원칙 6. People : 인적 후원환경을 구축한다**
145	리더를 위한 성공 원칙 6 적용 사례
147	독자를 위한 실용 가이드
150	**성공 원칙 7. Process : 영어를 액션러닝 한다**
157	리더를 위한 성공 원칙 7 적용 사례
160	독자를 위한 실용 가이드
162	**에필로그** '지금 여기'에서 더불어 행복하게

PROLOGUE
참나(True Self)의 여정

안녕하세요? 노윤경입니다. 저는 트루 셀프 코치이자 멘토 코치입니다. 제 영어 이름 쉐런(Sharon)은 우리나라 국화(國花)인 무궁화(Rose of Sharon)에서 왔습니다. 20대 시절 영어에 대한 사랑이 지나쳐 미국 사람이 되고 싶었고, 그 정체성 혼란 덕분에 '나는 누구인가?'를 치열하게 찾았습니다. 쉐런은 흔들렸다 다시 찾은 제 자신인 동시에, 타고난 정체성대로 활짝 피자는 의미입니다.

저는 지난 30년 간 영어, 명상 그리고 코칭에 빠져 살았습니다. 또한 조직의 중간 관리자로, 창업가로, 코치형 리더들과 전문코치를 육성하는 멘토 코치로 살았습니다. 이 경험을 바탕으로 트루 셀프 코칭(True Self Coaching)을 개발했습니다. 여기서 'TRUE'란 참나, 진정한 나, 나다움이자, 트루 셀프 코칭의 대화 모델입니다.

저는 만 22살부터 수 천 명의 임원을 만났고 수 백 명의 임원을 코칭했습니다. 이 과정에서 많은 여성 CEO, 여성 창업가, 전문직 여성들과 속 깊은 이야기를 나눴습니다. 그간 많은 여성들이 사회적 편견과 이해 부족으로 능력을 제대로 인정받지 못 했고 기회를 놓쳤으며 따라 배울 여성 선배도 없이 자신의 열정과 역량에 의지해 외롭게 앞길을 개척해야 했습니다.

저 또한 어려움이 많았습니다. 주변 어른들은 제가 태어났을 때 "어쩌나, 계집아이네." 하시며 실망하셨고 제가 무엇인가를 잘 하면 "쯧쯧, 저 녀석이 남자로 태어났어야 했는데."라고 하셨습니다. 제가 여성이라는 이유로 갖게 된 낮은 자존감을 회복하는데 20년 이상이 걸렸습니다. 20대 중반에는 결혼과 커리어라는 두 갈래 길에서 고심했고, 이제껏 싱글로 살면서 '외롭겠다. 왜 결혼 안 해?', '자유롭고 편하겠네. 얼마나 좋아!'하는 이야기를 수도 없이 들었습니다.

선구자들의 헌신적 노력 덕분에 여성에 대한 의식이 진화해왔습니다. 하지만 아직도 많은 여성들이 결혼과 육아, 경력단절, 삶과 일의 균형, 편견과 오해, 기회의 불평등, 능력에 대한 불신과 차별 등 헤아릴 수 없이 많은 어려움을 겪고 있습니다. 지금 이 순간도 워킹맘들은 아이가 덜컥 아플 때마다 죄책감을 느낍니다. 자신을 돌아보고 자신을 위해 시간을 투자할 엄두도 못 내고 하루하루 참고 견딥니다. 이런 삶이 5년, 10년을 넘어가면 각종 스트레스와 질병으로 이어지고, 이를 지켜본 젊은 세대는 결혼이나 임신을 꺼립니다. 이는 사회와 가정의 근본적인 문제입니다.

조직 또한 어려움이 많습니다. 치열한 경쟁 속에서 기민하게 움직여야 하는 기업들은 여성들을 배려해야 한다는 사실이 아직 낯설고 부담스럽습니다. 많은 남성들이 '여성이 상사인데 어떻게 일을 해야 할까요?' 내지는 '여성 후배들을 어떻게 육성하고 대화를 해야 할 지 모르겠습니다. 무엇이 배려이고 무엇이 평등한 대우인가요?'라고 묻습니다.

그런가 하면 여성 리더들은 '육아 때문에 고민입니다. 시댁에도, 회사에도 눈치가 보입니다. 일을 그만 두어야 할까 봐요.'라고 하는데, 그만 두면 회사와 사회는 수십 년을 투자한 뛰어난 인재를 잃는 것이고, 가정도 재정적으로나 삶의 질 차원에서 타격을 받을 수 있습니다. 여성의 리더십은 여성만을 위한 것이 아니라, 가정과 사회 전반을 위한 솔루션입니다. 모든 분야가 그렇듯 리더십 또한 예술이자 과학입니다. 그간 트루 셀프 코칭을 통해 많은 여성 리더들이 진정한 자신을 만났고, 수많은 도전에 맞서는 해법을 발견해 여성 리더로서 충만한 삶을 찾았습니다.

최근 저는 중국 상해에서 세계 각국에서 온 여성 리더들을 만나 코칭했습니다. 모두 탁월한 역량과 큰 포부를 가지고 있었고 국적을 떠나 영어로 자유롭게 소통하더군요. 첫 코칭 세션에서 저는 이들에게 질문을 던졌습니다.

"Who are you when your potential is fully realized?"

순간 그들은 멈칫했지만 이내 눈을 반짝이며 가슴 속에 있는 꿈과 문제들을 쏟아냈습니다. 분위기는 뜨거웠고 코칭이 끝날 때쯤 이들은 자신의 무한 잠재력을 깨우며 열정으로 살겠노라고 선언했습니다. 저는 깨어나는 여성의 파워를 국제 도시 상해에서 선명하게 보았습니다. 저는 여성이 미래 세상에 미칠 선한 영향력을 믿습니다. 여성들이 깨어나면 평화와 사랑이 넘치는 사회가 성큼 다가올 것입니다. 이런 세상을 위해 저는 트루 셀프 코칭으로 함께 하고자 합니다.

이 책의 1장에서는 제가 어떻게 삶의 전환점을 만나 트루 셀프를 발견하고 원하는 삶을 살게 되었는지를 이야기합니다. 여기서 전환이란 삶과 일 자체이기도 하지만 동시에 삶과 일을 바라보는 시각의 변화를 뜻합니다. 제 내면의 시각을 전환하고 저 스스로 삶과 일의 리더가 되자 주변이 바뀌었습니다. 또한 제 시행착오를 통해 트루 셀프를 찾았던 과정을 여러분과 진솔하게 나누고자 합니다.

2장에서는 우리가 리더로서 트루 셀프의 정체성을 발현하는데 필요한 7가지 성공 원칙을 소개합니다. 앞으로 자신의 삶과 조직을 선도할 리더들은 경쟁보다 소통과 연대를 선택할 수밖에 없습니다. 코칭을 통해 그간 수많은 여성들이 깊은 교감에 기반하여 진정성 있는 소통을 하고 에너지를 나누며 서로의 꿈을 응원해왔고, 이것이 모두의 성장과 행복으로 가는 길임을 확인했습니다. 더불어 여성 리더들이 자신의 리더십을 키우며 자신과 주변을 변화시켜온 구체적인 방법과 팁도 넣었습니다. 실제 사례들을 통해 코칭의 형식과 시스템, 프로세스도 제시했으며, 참고가 되도록 남성 리더들의 사례도 함께 담았습니다.

더불어, 비영어권 리더들이 글로벌 무대에서 자유롭게 커뮤니케이션 할 수 있도록 위해 영어 커뮤니케이션 능력을 고양하는 전략도 소개했습니다. 리더들의 영어 커뮤니케이션은 단순히 영어에 기반한 대화가 아닙니다. 리더의 글로벌 커뮤니케이션 전략이자 비즈니스 전략입니다. 30년 가까운 제 실전 경험과 수천 건의 코칭을 기반으로 영어로 리더십을 향상시키는 방법과 구체적인 학습법 그리고 꾸준히 실천하는 노하우도 함께 안내하고자 합니다.

그럼에도 불구하고, 코칭에서 일어나는 역동을 몇 문장으로 표현하는 데는 한계가 있습니다. 코치와 고객이 상호 신뢰 속에 교감하며 경험하는 에너지와 인식 변화는 언어를 뛰어넘기 때문입니다. 사실 이 책은 성별을 넘어, 국경을 넘어, 지금 이 순간에도 여러 제약 조건 속에서 삶의 파고를 넘으며 치열하게 살고 있는 모든 분들을 위한 응원의 메시지이기도 합니다. 우리가 진정한 자신의 모습인 트루 셀프를 발견하고 무한 잠재력을 펼치며 '더불어 행복한 세상'을 함께 만들어가는데 이 책이 일조하기를 소망합니다.

Sharon 노윤경

추천의 글 ①

삶과 죽음의 경계를 넘나들며 발견한
True Self의 지혜

김 재 우
(사)한국코치협회 회장, KSC 경영자 코치

참나(True Self)를 찾는 것만큼 수지 맞는 일은 없습니다. 최고의 ROI를 얻을 수 있는 방법론입니다. '코칭이 무엇이냐?'는 경영자들의 질문에 나는 이렇게 설명합니다.
지난 반세기 동안 대한민국이 이뤄낸 눈부신 경제발전은 우리의 잠재력 중 일부분인 도구적 인간관에 맞추어 이룬 Fast follower의 결과입니다. 하지만 안타깝게도 우리는 저출산과 고령화로 생산가능인구가 줄어들고, 4차 산업혁명의 거대한 변화 속에서도 예전 방식을 계속하고 있습니다. 헤쳐 나가려면 인간만이 할 수 있는 일을 찾아야 합니다.
"아무런 제약이 없다면 어디서 누구와 무엇을 하시겠습니까?"
저자의 〈True Self Coaching〉은 이렇게 시작합니다. 이 질문은 좀처럼 멈추지 못하고 앞만 보고 달리기 쉬운 우리를 잠시 멈추게 합니다. 질문은 우리를 낯선 곳에서 다른 관점으로 나 자신과 세상을 바라보게 합니다. 다른 시각은 다른 마음을 낳습니다. 다른 마음으로 보면 사물이 다르게 보입니다. 그 마음이 세상을 창조합니다.
저는 10여 년 전에 저자를 처음 만났습니다. 저자는 당시 어느 CEO 코칭 과정을 진행하는 전문 코치로 이미 30대부터 '인간이 무한한 가능성을 가진 존재'라는 코칭 철학에 빠져 있었습니다. 이후 저는 저자가 글로벌 회사 전문 경영자 코치로서 성장하는 모습을 지켜보았습니다.
3년 전 암을 이겨내고 이후 또다시 교통사고를 겪으며 '나는 누구인가?', '어떻게 살 것인가?', '어떻게 죽을 것인가?' 라는 화두와 목숨을 걸다시피 씨름하여 자신만의 답을 얻었다고 합니다. 얼마 전, 저자가 새로운 책을 내겠다고 하여 대화를 했습니다. 제가 코칭산업의 미래에 대한 고민을 얘기했더니 그때 저자가 제게 질문을 던졌습니다. 순간 저의 닫혔던 인식이 확장되면서 새로운 관점으로 사안을 바라보게 되었습니다. 이 새로운 관점이 제게 해결책을 가져왔습니다.
저자는 누구보다 먼저 자신에게 끊임없이 질문하고 그 답을 실행하며 자신의 삶을 혁신해 왔습니다. 책은 삶과 죽음의 경계를 넘나들며 True Self를 발견하고 다양한 분야의 경영자들을 코칭한 저자의 실전적 경험을 담았습니다. 저자가 10여 년 전과는 전혀 다른 사람처럼 느껴집니다. 저자의 책을 반가운 마음으로 여러분께 추천합니다.

추천의 글 ②

자신의 참모습을 확장하고 풍요롭게 하며
더 큰 나와 만나기

Pamela Richarde
2006년 ICF회장, MCC마스터 코치

"Sharon is one of the most compassionate and self-aware human beings I have ever come across. Her way of relating to others is respectful, curious and accepting, modeling the pureness of a coach approach to living.
Her work on this book has been a long journey and will illustrate her dedication to being the essence of love in all she does. You will find in reading it, evidence of her insatiable curiosity, humble spirit and drive to expand her capacity for compassionate living. These last ten years of sometime serving as her mentor have given me the privilege of witnessing her dream; a dream that you will read about and holds a place for all of us to expand, enrich and become even more of who we are meant to be. It is my absolute pleasure to endorse her book."

저자 Sharon은 인정이 넘치고 자신을 제대로 인식하는 사람입니다. 다른 사람들에 대해 이야기할 때 정중하고 열린 호기심으로 대하며 수용적이어서, 진정한 코치는 어떻게 살아가야 하는가를 제대로 보여줍니다.
저자는 이번 책을 완성하기 위해 오랫동안 매진해왔으며, 이는 저자가 매사에 정성을 다한다는 것을 보여줍니다. 여러분이 이 책을 읽으시면서, 저자가 보다 큰 사랑의 존재가 되기 위해 지치지 않는 호기심과 자만하지 않는 마음으로 매진하는 모습을 만나게 될 것입니다. 저는 지난 10년 넘게 저자를 멘토링 해온 덕분에 저자의 꿈을 계속 지켜볼 수 있었습니다. 여러분은 이 책을 통해 저자의 꿈을 알게 되며, 이 꿈은 우리 모두가 자신의 참모습을 확장시키고 풍요롭게 하며 훨씬 더 큰 나를 만날 장(場)을 담고 있습니다. 진정 기쁜 마음으로 저자의 책을 추천합니다.

추천의 글 ③

트루 셀프 코칭을 통해
삶을 대전환 하는 기회

Tom Stone
세계적 코치이자 강연자, Inner Greatness Global 설립자이자 회장, 〈Pure Awareness – 순수의식〉 저자

I feel privileged and honored to endorse Sharon's book. I have known Sharon since 2009 as a superb coach and great friend. Sharon has been to the USA several times for training and has been successfully working for years with my coaching techniques. She was awakened to her true identity; true love. Then, she transformed her life first.
She has been sincerely dedicated to her global dream to live and work around the world for the humanity and will continue to do so. I believe her <True Self Coaching> and this beautiful book represents who she truly is as a human being and coach, and will transform the lives of so many people in Korea and around the world. If you have the opportunity to meet her through this book and actually work with her, you are indeed fortunate and blessed.

저자 Sharon의 책을 추천 드리게 되어 영광입니다. 2009년부터 저는 저자를 탁월한 코치로서, 멋진 친구로서 알고 지내고 있습니다. 저자는 훈련 차 미국에 여러 차례 왔었고 제가 개발한 코칭 기술을 여러 해 동안 성공적으로 활용해왔습니다. 저자는 진정한 사랑이라는 자신의 참정체성에 눈을 떴습니다. 그런 다음, 자신의 삶을 먼저 대전환시켰지요. 저자는 전세계를 다니며 인류를 위해 살고 일하겠다는 자신의 글로벌 꿈에 온 마음을 다해 매진해왔고 앞으로도 그렇게 살 것입니다. 저자의 트루 셀프 코칭과 이 아름다운 책을 통해 저자가 인간으로서 또 코치로서 누구인지를 알게 되실 것이며, 또한 한국과 전세계의 수많은 사람들의 삶을 전환시킬 것이라고 믿습니다. 이 책을 통해 저자를 만나고, 실제 저자에게 코칭을 받을 기회가 있다면, 정말 복 받으신 겁니다.

추천의 글 ④

삶의 지평을 넓히고
무한 잠재력을 깨우는 여정

이 정 화
Bank of America, Service manager, 〈Art Coaching - 그림으로 배우는 코칭〉 저자

저는 글로벌 조직에서 30년 이상 몸 담아온 여성 리더로서, 지난 15년을 코칭을 해온 전문가로서 〈트루 셀프 코칭〉을 여러분께 추천 드립니다. 저자의 삶은 옹달샘처럼 맑고, 깔끔하고, 단백하며 끝없이 솟아 오릅니다. 제게는 삶의 도반이자, 늘 곁에서 배우고 싶은 영성코치입니다. 때로는 친구 같고 때로는 스승같으며 또 때로는 순수한 어린 아이 같습니다.

책에서 저자는 머리에서 가슴으로 그리고 행함으로 '참나'를 찾아가는 여정을 그리고 있습니다. 저자가 항상 강조해온 3H(머리(Head, 지혜와 통찰력) -〉 가슴(Heart, 자비/사랑) -〉 손(Hand, 나눔과 실천))에 기반한 저자의 철학을 고스란히 보여주고 있습니다. 제가 지난 8~9년 동안 코칭 장면에서, 워크샵에서, 삶의 현장에서 보아온 저자의 실제 모습 또한 코칭 철학이 그대로 녹아있습니다.

1장은 재미있고 솔직하고 유쾌합니다. 읽으시면서 저자와 함께 울고 웃으실 것입니다. 2장은 여러분들이 즉시 실행에 옮길 수 있는 유용한 정보와 팁들이 곳곳에 자세하게 소개되어 있습니다.

아무쪼록 여러분이 이 책을 통해 더 쉽고 즐겁게 우리 삶의 지평을 넓히고 무한 잠재력을 깨우시기를 소망합니다.

―――― 추천의 글 ⑤ ――――

삶의 고통을 숭고한 목적으로 품어낸
사람만이 피우는 꽃

윤 정 구
이화여대 경영학과 교수, 진성리더십 아카데미 멘토

Sharon(쉐런)이라는 이름은 무궁화(Rose of Sharon)에서 왔습니다. Sharon 노윤경 코치는 무궁화 꽃 같은 사람입니다. 무궁화는 열악한 토양 속에서도 반드시 꽃을 피워냅니다. 무궁화는 삶의 고통을 숭고한 목적으로 품어낸 사람들만이 피울 수 있는 꽃입니다. 책 속의 무궁화가 인고의 세월 속에서도 반드시 꽃을 피우는 비밀은 생명의 씨를 뿌리고 이 씨를 뿌리로 만드는 고통의 숙성기간을 거친 덕분이겠지요. 산전수전 다 겪은 사람들도 가끔은 잊고 지내는 삶의 비밀입니다. 책을 읽으며 제가 살아온 삶도 다시 한번 돌아볼 수 있는 기회가 되었습니다.

―――― 추천의 글 ⑥ ――――

통상적 수준의 교훈을 넘어서는
통찰과 혜안

이 창 준
구루 피플스 대표, 이화여대 겸임교수, 진성리더십 아카데미 원장

이 책은 진실하고 생생하며 역동적인 이야기들로 가득 차 있습니다. 저는 이 시대를 뜨겁게 살아가고자 하는 사람들에게 이 책을 권합니다. 이 책을 통해 분명 자신의 심연으로부터 무한의 성장 잠재력을 발견할 것입니다. 무엇보다 책은 저자가 자기 삶의 역경으로부터 길어 올린 진실한 이야기입니다.

특히, 저자가 제시하는 7가지의 성공 법칙은 통상적 수준의 교훈을 넘어섭니다. 여러분도 이 책을 통해 참나(True Self)를 발견하는 놀라운 통찰과 혜안을 만나시기 바랍니다.

······· 추천의 글 ⑦ ·······

진정한 사랑을 실천하는 방법을
실증적으로 제시한 책

어 성 철
한화테크윈 사업본부장, 전무

지난 2주간 영국을 거쳐 미국에서도 고객사와 많은 미팅과 협상을 끝냈고 지금은 귀국하는 비행기 안입니다. 그야말로 지구 한 바퀴를 도는 일정이었습니다. 최근 경영 베스트셀러를 읽으면서 그게 그거 같아 핵심만을 찾아 읽곤 했습니다. 저자의 책도 뻔한 리더십 이야기가 아닐까 살짝 걱정했던 사실도 까맣게 잊고 저는 책에 빠져 들었습니다. 읽는 내내 무한히 공감했고, 저자와 같이 울고 웃었습니다. 덕분에 저는 앞으로 나아갈 용기와 마음의 위안을 얻었습니다. 저자는 끝없는 도전 속에서 자신의 한계를 넘어 진정한 자신의 모습을 찾아가고 역경 속에 생명력을 발현해왔습니다. 책은 저자 자신의 이 피나는 경험과 성찰을 엮어 자신과 타인에 대한 진정한 사랑을 '실천하는 방법을 실증적, 과학적으로 제시하고 있습니다. 2016년 겨울부터 지금껏 제가 실제 경험한 저자의 진정성과 코칭 역량에 기반해, 고맙고 반가운 마음으로 이 책을 경영자들께 추천합니다.

―― 추천의 글 ⑧ ――

온 몸으로 경험한 지혜를
세상에 내놓다

금월 이 성 엽
아주대학교 교수, 아주대학교 평생교육원 원장

'불교, 코칭 그리고 영어'와 진짜 사랑을 하던 저자는 〈트루 셀프 코칭〉이라는 이름으로 그간 온 몸으로 경험한 지혜를 세상에 내놓았습니다. 아프고 힘들었던 시간의 이야기를 담담하게 이야기하는 저자의 독백은 제 마음을 열었고, 셀프 코칭 단계마다 담긴 질문은 간결하면서도 마음을 파고 들었습니다. 깊은 성찰을 자연스럽게 유도하는 것은 물론 이 과정에서 만나는 영어 코칭이라니요! 이건 어디서도 만날 수 없는 선물입니다. 허나, 메시지보다 중요한 것은 그 메시지를 전하는 메신저이지요. 저는 지난 10년 넘게 도반으로 함께하며 그 누구보다 순수한 열정과 바른 마음으로 정진하던 저자를 지켜봐 왔습니다. 담담하지만 진솔한 저자의 이야기는 모든 이에게 희망으로 공명될 것입니다.

―― 추천의 글 ⑨ ――

30년 노하우로
리더들을 깨우는 책

장 주 희
CBS 아나운서/ 목회자들을 위한 스피치 코치

좋은 코치는 고객의 가슴에 불을 당깁니다. 그 불씨가 계속 활활 타오르도록 고객을 독려하고 응원하지요. 저자는 고객의 가슴에 제대로 불을 당길 줄 아는 코치입니다. 5년 전 저자가 제 가슴에 붙인 불씨가 이제는 '목사님들의 스피치 코치'라는 소명이 되어 타오르고 있습니다.

'지금 이 순간' 내 앞에 있는 존재에게 온전히 집중할 줄 아는 코치를 만난 건 제게 행운이었습니다. 순간 순간의 삶을 축제처럼 즐기며 살아가는 그녀가 앞으로 얼마나 더 많은 리더들을 깨워낼지 기대됩니다. 이 책에는 그녀의 30년 노하우들이 듬뿍 담겨 있습니다. 이 책을 통해 물리적으로 그녀를 만나지 못하는 분들 가슴에도 생명의 불씨가 당겨질 것입니다. 앞으로도 코치로 그리고 진정한 친구로 오래오래 삶을 함께 하고 싶습니다.

추천의 글 ⑩

나를 넘어, 언어를 넘어
리더의 꿈을 실현하는 도전기

김 건 중
경영자 코치 / 전 GS-Caltex 사장

2006년 처음 만나 지난 11년 동안 때로는 가까이서, 때로는 멀리서 저자를 지켜보았습니다. 저자의 삶은 한 마디로 '나를 넘어, 언어를 넘어'입니다. 저자는 1960년대 말 가난한 집의 둘째 딸로 태어나 끊임없는 도전과 세상의 편견과 자신의 제약 신념을 깨고 삶의 진정한 주체로, 글로벌 기업의 경영자 코치로 변화 성장해왔습니다.

지난 30년 가까운 시간 동안 영어와 명상 그리고 코칭을 만나면서 매번 익숙한 것을 버리고 낯선 곳으로 떠났던 저자가 이번에는 저자의 길에 올랐습니다. 진정성이 느껴지는 이 책은 코치 자신과 수많은 리더들의 꿈을 그린 도전기입니다. 팍팍한 현실에도 불구하고 원하는 꿈을 이루고자, 지금 이 순간에도 열정을 태우는 모든 이들에게 일독을 권합니다. 저자의 이야기는 잠시 멈추어 나를 돌아보는 좋은 기회가 될 것입니다.

깨어나는 여성 리더에게
보내는 편지

트루 셀프의 여정은 현재의 나를 떠나는 것에서 시작합니다. 익숙한 것을 떠나 나를 객관화 하는 거죠. 저는 21살에 처음 한국을 떠났습니다. 미국에서 제 자신과 세상을 보았습니다. 현실의 미국은 상상과 달랐습니다. 진정한 가치는 그것이 사라졌을 때 아는가 봅니다. 제가 한국에 있을 때는 '우리나라는 이것이 문제다, 부모님은 왜 이러냐'하며 불만이었는데요. 한국을 떠나보니 집밥 한 끼가 소중했습니다. 영어도 생각처럼 늘지 않았고요. 매일 한국으로 돌아가고 싶었습니다. 외롭고 힘들어 혼자 많이 울었습니다.

미국 체류 1년 동안 제 속이 깊어졌습니다. 낯선 땅에서 다양한 사람들을 만나고 많은 일을 겪으니 생각도 유연해졌어요. '세상에는 이런 사람도 있구나, 저런 일이 있구나.' 하면서요. 많은 사람들이 영어를 익히기 위해 미국에 왔습니다. 만나는 사람마다 제게 '자기 소개를 해주세요', '어디에서 왔습니까?', '한국이요? 어떤 나라죠?'라고 물었고, 저는 처음 한 두달은 '노윤경이고, 한국에서 왔다'고 얘기했습니다. 그런데 시간이 갈수록 '나는 누구이고 미국에서 무엇을 하고 있지?' 스스로 묻게 되었습니다. 저에 대해, 부모님과 한국 그리고 시대와 공간에 대해 많은 생각을 했습니다.

귀국 후 저는 영어를 기반으로 커리어를 만들어나갔습니다. 지금껏 수십 개국을 다니며 국적도, 나이도, 기호도 다른 많은 사람들을 만났습니다. 사람은 만남을 통해 성장하더군요. 길 위에서 만난 사람들을 통해 저는 제 자신과 세상에 대해 배웠습니다. 그 중 2006년에 만난 코칭은 최고였어요! 저는 코칭을 통해 사람들의 꿈과 속내를 알아 가는 것이 소중했습니다. 저는 세계적인 마스터 코치가 되어 전세계를 훨훨 날아다니며 코칭하겠다는 일념으로 하루 15시간 넘게 일하고 공부했습니다.

매일 밤 잠자리에 들며 '빨리 아침이 와서 또 코칭을 했으면!' 했지요. 아침 해가 뜨기도 전에 눈이 번쩍 떠졌습니다. 저는 멘토 코치에게 코칭을 받으며 나는 누구인지, 내가 원하는 삶이 무엇인지를 묻고 답을 찾아갔습니다. 제 고객들도 코칭을 통해 자신이 원하는 삶을 찾고 이루어갔지요. 전문 코치가 된 지 10년쯤 되니 많은 리더들이 제 코칭을 원했습니다. 덕분에 통장도 두둑해졌습니다. 저는 '이제 되었다. 이렇게만 살자.' 하며 안도했죠.

그러나 2015년 어느 날, 제 삶은 시험대에 올랐습니다. 별다른 걱정 없이 건강 검진을 받았는데, 대장암 2기였습니다. 처음에 저는 현실을 부인했습니다. 그럴리가 없다고, 뭔가 잘못된 거라고요. 저는 건강 체질이었고 특히 코치가 되고는 운동도 하고 건강식도 챙기고 건강 검진도 받았거든요. '열심히 살았는데 이게 결론인가?' 싶어 허무하고 혼란스러웠습니다.

다음날 저는 멘토 코치와 코칭 대화를 하며 다시 안정을 찾았습니다. 그간 제가 원하는 삶을 살았고 별반 후회가 없다는 것을 알았지요. 저는 사회적으로 명성도 없고 재산가도 아니지만, 제 삶에 당당했고 뿌듯했습니다. 죽음 앞에 서서 저는 제 영혼의 아름다움을 보았습니다.

수술 전 날 저는 유서를 다시 썼어요. 수술은 잘 끝났고 처음 예상과 달리 항암 치료를 받지 않았습니다. 저는 감사한 마음으로 퇴원을 했습니다. 하지만 퇴원은 문제의 끝이 아니라 또 다른 시작이더군요. 병원과는 달리 제 밥을 챙겨주거나 간병해 줄 사람이 없었습니다. 저는 혼자 살았고 부모님께 제병을 알리지 못했어요. 아버지는 암 말기로 3년 째 투병 중이셨고 어머니도 여러 건강 문제가 있었죠. 80세에 가까운 분들께 결혼 안 한 딸의 암 소식은 너무한 거죠.

입원 기간 중에 제가 다른 동네로 이사하는 일정도 잡혀있었습니다. 급한 대로 동생이 저 대신 이사를 해주었어요. 한동안 저는 낯선 아파트의 방과 거실에 그득한 이삿짐 박스들을 보며 한숨을 지었습니다. 식사를 준비하느라 지쳐서 밥을 먹고 나면 곧바로 침대에 누웠습니다. 하지만 긍정적으로 생각하자며 스스로를 다독였어요. 이번 기회에 건강을 찾고 모든 것에 감사하며 살자 했죠. 건강을 회복하기 위해 요가를 시작했고, 이왕 하는거 제대로 하자고 강사 과정에 등록했어요. 가만히 있어도 아픈데, 몸을 움직이니 비명과 눈물이 절로 났습니다.

몇 달 후 아버지가 돌아가셨습니다. 그 기간 중에 어머니도 응급실에 여러 번 실려 가셨고요. 많은 분들의 위로 속에 저희 삼형제가 힘을 모아 아버지의 장례를 지냈습니다. 저는 어머니를 모시고 살기 위해 집을 다시 구했습니다. 한 달 내내 하루 몇 시간씩 여러 동네를 다녔고 저녁마다 침대에 쓰러졌습니다. 어떤 날은 울 기운도 없었어요. 그래도 코칭을 받으면 힘이 났습니다. 형제들과 친구들도 바쁜 일정을 조정해 저를 도왔습니다. 덕분에 저는 어려운 상황을 여러 번 넘겼죠.

그런데 이번에는 원인을 알 수 없는 통증이 제 배를 찔렀습니다. 1년 넘게 저는 주치의와 상담하고 여러 산부인과와 한의원에도 다녔어요. 하지만 통증의 원인을 알 수 없었고, 급기야 생명에는 지장이 없으니 그냥 지켜보자는 말을 들었습니다. 저는 건강식품도 수소문하고 다양한 건강 강좌와 책들 그리고 민간요법도 시도했습니다. 하지만 통증은 그대로였습니다. 원인을 모르니 무엇을 해야 할 지 몰랐습니다. 차라리 의사가 '삶이 3개월 남았으니 집에 돌아가서 임종을 준비하라.'고 제게 말했으면 싶었습니다. 그럼 뭐라도 할 수 있잖아요. 저는 무엇을 해야할지, 하지 말아야 할지 몰라 서성였습니다.

이쯤 되니 형제와 친구들도 해줄 것이 없더라고요. 그들도 자신의 삶을 살아야 했고, 고마움을 넘어 자꾸 미안해지니 제가 불편했습니다. 사람들이 힘내. 괜찮아질 거야.' 하는 소리에도 화가 났습니다. 고통 자체보다 희망이 없다는 게 더 무섭더군요. 긍정적으로 생각하고 열심히 살면 잘 될 거라는 믿음이 바닥에서부터 무너졌습니다. 소리 없이 제 영혼이 죽어갔습니다. "아 ~ 악~~~! 그냥 날 죽여! 영원한 행복이 있다며. 그 동안 내가 애썼잖아. 나보고 더 이상 어쩌라는 거야!" 어느 날 저는 비명을 지르다 쓰러졌습니다. 울음이 통곡으로 바뀌었죠. 저는 한동안 밤낮으로 침대에 누워 보냈습니다. 일어날 힘이 없었어요. '코칭이 다 뭐야. 행복, 기여? 다 먹고 살만하니까, 아니, 네가 코칭으로 먹고 살려고 고객을 위하는 척 하는 거 아니야? 재능, 열정, 트루 셀프? 웃기지도 마. 네 코치도 진심일까? 페이스북을 봐. 너는 이렇게 힘든데 네 코치는 가족들과 저렇게 활짝 웃고 있잖아. 코칭은 가짜야. 너도 가짜야. 너도 돈 벌려고 고객들 앞에서 웃는 거지.' 어둠 속에서 그렇게 몇 달이 흘렀습니다.

서서히 저는 마음을 다잡았습니다. 어떤 일이 일어나도 감사하자 했죠. 타고난 긍정성 덕분이었어요. 외부에서 충격이 오면 잠시 흔들렸지만 저는 다시 긍정 모드로 스스로를 다독였고, 명상 수업에 등록해 마음의 평화를 다지기로 했습니다. 그러던 어느 날 명상 수업이 끝나고 귀가하던 길이었습니다. 한 운전자가 우회전을 하다가 저를 치었습니다. 어두워서 저를 보지 못한거죠. 저는 '악~' 소리를 내며 길에 대자로 뻗었습니다. 저 위로 까만 밤하늘이 보였습니다.

'아, 이젠 사고까지 나네.' 기가 막히니 픽 하고 웃음이 나오더군요. 화 낼 힘도 없었습니다. 큰 사고는 아니어서 몸을 움직일 수 있었어요. 몸을 추스르고 집에 들어왔습니다. 하지만 온몸이 덜덜 떨렸습니다. 제 핸드폰에 1,000여 개 번호가 저장되어 있었지만, 부담 없이 전화할 사람이 떠오르지 않았습니다. 다음 날 코칭에서 저는 교통사고 이야기를 하다 엉엉 울었습니다.

"Sharon, I'm with you."

코치는 제게 말했습니다. 아, 그때 저는 그녀의 진정성을 느꼈습니다. 10년 전 Pam코치는 제게 코칭이라는 세상을 알려주고 함께 많은 도전들을 해왔죠. 저는 잠시 말을 멈추고 제 마음을 들여다보았습니다. 저는 화가 나있었습니다. 도대체 내 삶은 왜 이러냐고, 내가 무엇을 그리 잘 못 했기에 끝도 없이 문제가 생기느냐며 어딘가에 소리 치고 누군가를 탓하고 싶었던 거죠. 저는 코치에게 저의 속상하고 화난 감정을 털어놓았습니다. 코치는 판단이나 조언없이 그저 조용히 제 이야기를 경청했지요.

얼마나 시간이 지났을까, 속이 개운해지면서 편안해졌습니다. 저도 모르게 중얼거렸습니다. '싫어! 이렇게 살다가 죽을 수는 없어. 내가 이루었던 것이 모두 사라졌어. 지금보다 더 나빠질 수는 없지. 그래, 이왕 죽을 거면 하고 싶은 거 다 하다 죽자.' 저는 새로운 삶을 구상했습니다. 그간 생각만 하고 미루어왔던 것들을 당장 실행하기로 했습니다.

체력이 안 되니 최소한의 시간으로 최대 효과를 내고자 했습니다. 아침에 명상과 운동을 하고 오후에 집중적으로 일했어요. 기존에 진행하던 코치 양성 과정과 코칭 워크샵은 중단하고 경영자 코칭에만 집중했습니다. 주 3회 이상 어머니와 집에서 저녁식사를 했고, '언젠가는 만나야지.' 했던 사람들에게 제가 먼저 연락했으며 적극적으로 치료를 받고 운동도 했어요.

매해 봄과 가을에 스승이 계시는 축서사의 용맹정진에도 참여해 7박 8일간 매일 18시간 참선 수행을 했습니다. 몇 년 동안 벼르던 것을 실행하니 그때는 복부 통증도 사라지더라고요. 묵언(默言) 속에서 미소가 절로 떠올랐습니다. 집중 수행으로 탄력을 받아 귀경 후 매일 명상을 했죠.

하지만 회사 상황은 계속 어려워졌습니다. 매출이 80% 이상 줄었습니다. 신규 고객 유치에 쏟을 에너지가 없고 6개월, 1년이 지나면서 기존 계약들이 끝났습니다. 더 이상 대출을 받을 수 없는 상황에 이르면서 '일을 줄이지 말았어야 했나?' 후회도 했습니다. 하지만 제가 예전처럼 일 위주로 살면 삶을 전환할 수 없는 거지요. 저는 최대한 버텼어요. 버티는 능력도 길러지더군요.

어느 날 저는 사무실 근처를 걷고 있었는데, 햇살이 환했고 그 빛이 거리를 화사하게 비추고 있었습니다. 순간 현기증이 나며 멍해졌습니다. 저도 모르게 발걸음을 멈추었어요. 왠지 마음이 서늘하고 서러웠습니다. 저는 길거리 벤치에 철퍼덕 앉아 울었습니다. 눈이 따갑고 목이 따끔따끔 아팠습니다. 계속 눈물이 나왔죠.

'햇살은 왜 이리 화사할까, 내 마음은 이렇게 시리고 무거운데. 예전에는 햇살이 내 등에 닿으면 포근하고 마음이 살랑거렸지. 미소도 배시시 나왔잖아. 그런데 오늘은 왜 이리 추울까? 나만 빼고 모두가 웃는 것 같아. 앞으로 어떻게 살지?'

코칭 비즈니스도, 글로벌 꿈도 열심히 하면 안되는 것이 없다고 믿어왔는데, 이젠 모든 것이 힘에 부치고, '내가 다시 설 수 있을까?'싶어 두려웠습니다. 뜨거운 사막에서 일행을 놓치고 길을 잃어 혼자 덩그러니 있는 느낌이 이럴까요?

훌쩍이며 한참을 울고 있는데 어떤 커플이 제 눈에 들어왔습니다. 그들은 다정히 손을 잡고 서로를 바라보며 이야기를 나누고 있었습니다. 저는 멍하니 그들을 쳐다보았지요. '나는 왜 청혼을 받았을 때 결혼하지 않았을까?' 후회가 밀려왔습니다. 이럴 때 내 얘기를 들어줄 사람도 없고 교통사고 났다고 뛰어오는 연인도 없다니, 그간 나는 뭘 한 거지 싶더군요.

앞으로 혼자 어떻게 살까 생각하니 두려워졌어요. 몸이 오싹 추워졌습니다. 저는 한참을 멍하니 있었습니다. 사람들이 저를 힐끔 쳐다보고 지나갔습니다. 왠 여자가 큰 업무 가방을 끌어안고 벤치에 앉아 울고 있으니까요. 한 시간쯤 그렇게 흘렀습니다.

차츰 울음이 잦아들었을 때 한 존재가 떠올랐습니다. 그녀는 지난 5년간 저를 멘토라고 부르며 저만 보면 눈을 반짝거리며 환하게 미소를 지었지요. 그녀를 생각하니 제 입가에 살며시 미소가 떠올랐습니다. 우리는 지난 몇년 간 전 세계를 누비는 꿈을 꾸고 계획을 세우고 실행하며 깔깔거리고 웃었죠. 그녀는 어느덧 제게 환한 빛이 되었습니다. 저를 아껴주시는 분들도 생각났습니다.

그간 많은 분들이 저를 위해 기도하고 몸에 좋다며 이것저것을 보내주셨죠. 맞아요, 저는 혼자가 아니었습니다. 제 마음이 차츰따뜻해졌습니다. 마음이 힘들 때는 아무 것도 보이지 않았는데, 실컷 울고 나니 주변이 보였어요. 햇빛이 제 등에 닿아 따뜻했습니다. 점점 배 쪽에 든든한 힘도 느껴졌습니다.

'그래, 힘내자.' 저는 천천히 벤치에서 일어나 걷기 시작했습니다. 순간제 발 밑으로 저를 든든히 받쳐주는 땅을 느꼈습니다. 저는 천천히 다른 발을 내딛었습니다. 땅과 제가 또 다시 하나가 되었고 그 힘으로 다음 걸음을 내딛었습니다. 저는 혼자가 아니었어요. 햇살도, 땅도 저와 함께 하고 있었어요. 힘이 솟았습니다.

'아, 이거구나!' 누군가와 진심으로 하나가 될 때 그것이 코칭이었습니다. 코치는 고객에게 단단한 땅이고 화사한 햇살이었습니다. 코치란 고객이 환희를 느낄 때는 유쾌하게 함께 웃고, 죽고 싶을 만큼 힘들 때도 든든하게 고객을 받쳐주며 같이 우는 길동무인 거지요. 제가 이렇게 힘든데 어떻게 Pam코치는 웃느냐며 서운함을 느꼈던 순간도, 제 고객이 힘들때 제 마음이 아파 잠을 이루지 못했던 나날들도 떠올랐습니다. 코치의 역할에 대해 확신이 생겼습니다. 저는 앞으로 코치로서 진정성 있게 고객과 함께할 수 있겠다는 마음이 들었습니다.

그날 저는 다시 꿈을 향해 출발했습니다. 이후 사람들을 더 진심으로 대했습니다. 매일 저답게 살며 죽기 전에 하고 싶은 것들을 하나하나 실행했습니다. 저는 전화기를 끄고 훌쩍 떠날 때, 사랑하는 사람과 감미로운 키스를 나눌 때, 새로운 것을 배울 때, 어머니와 손을 잡고 걸을 때, 친구들과 서로 얼마나 허당인지 말하며 깔깔거릴 때, 리더들과 꿈과 고민을 나눌 때 행복했습니다. 일상이 의무감이 아닌, 제가 원하는 것들로 채워졌습니다.

그런데 사람 마음이 간사하더라고요. 한 계절이 지나기도 전에 어느덧 저는 두려움에 빠졌습니다. 사람들을 더 사랑할수록 애착이 생겼습니다. 엄마와 저녁식사를 하며 도란도란 이야기를 나누고 연인의 듬직한 손을 느끼며 말없이 걷고 조카들의 미소를 보고 또 친구들과 깔깔거릴수록 저는 두려워졌습니다. '암이 재발하면 그때는 죽을 텐데, 사랑하는 사람들을 두고 내가 어찌 떠날까?' 몇 달 동안 저는 답을 찾고 또 찾았습니다. 죽음에 대한 수업을 듣고 코칭을 받고 명상을 하고 책을 뒤졌습니다. 하도 울었더니 코가 헐더군요.

죽음은 단지 육신의 스러짐이었습니다. 우리는 수십 억의 사람들 중에 특별한 인연으로 만났고 언젠가 헤어지기에 함께하는 이 순간 더 사랑해야 하는거죠. 헤어질 것이 두려워 지금 사랑하지 못 하다니요. 제가 죽어도 제 사랑은 상대의 가슴에 살고 그들은 그 사랑으로 씩씩하게 살 것입니다. 원인 모를 통증이 올 때마다 저는 우리 모두가 시한부 삶이라는 것을 기억했어요. 결국 모두 죽으니까요. 오늘 내가 죽는다면 무엇이 아쉬울지, 내게 1년만 주어진다면 무엇을 할지 생각했어요. 더 사랑하고 사랑 받고 싶더군요. 내 앞의 상대를 오늘 마지막으로 만나는 것처럼 정성을 쏟았습니다. 제 삶은 더 생생해졌습니다. 모든 관계들이 깊어졌습니다.

돌이켜보니 원인은 미국이, 승진이, 남자친구가 아니라 제 내면에 있었어요. 저는 1990년 처음 미국으로 떠난 후 영어에, 불교에, 코칭에 빠져들었어요. 저는 미국 사람이 되고 싶었고, 스님이 되고 싶었고, 제 멘토 코치처럼 되고 싶었습니다. 그 꿈들은 제게 천국이자 도피처였습니다. 꿈을 이루어야 제가 행복해질 거라 생각했지요. 한국을 떠나 미국으로, 속세를 떠나 산으로, 가족을 떠나 제 자신을 가두며 애썼고 마침내 그 꿈들을 이루었습니다.

그런데 그 기쁨이 오래 가지 않더군요. 미국도, 절도 사람이 사는 곳이 었어요. 영화 속 주인공 같았던 미국사람들도, 삶에 초연해 보였던 스님들도 울고 웃고 병이 나고 고통을 받았습니다. 사랑하는 남자 친구도, 사람들이 부러워하는 직장도 불만족스러운 점이 있었고요. 간절히 원했던 꿈 하나를 이루고 제가 원했던 곳에 이르니 그 미래는 제게 또 다시 피하고 싶은 현실이 되었습니다. 저는 또 다른 꿈을 향해 달렸습니다. 제게는 꿈을 꾸는 것도 삶의 패턴이었던거죠.

과거나 현재가 불완전하다고 느끼거나 미래에 대한 두려움이 올라올때, 과거나 미래를 계속 생각하는 대신 이 순간 이 자리에 집중하며 사는 것이 답이었어요. 그렇게 함으로써 미래 또한 온전해지더군요. '지금 여기'는 제가 사랑하는 사람들과 사랑하는 것들로 가득 찬 천국이 되었습니다. 제가 떠나왔던 '이쪽 세상'과 제가 꿈꾸며 달려갔던 '저쪽 세상'도 하나로 연결되었고요. 상황을 바라보는 제 시각도 달라졌어요. 누구나 죽잖아요. 저는 이제 우리 나이로 50살이 되었으니 그것만도 감사하다 싶었습니다. 이제 제 삶은 덤인 것이죠. 누군가에게 손을 내밀고 그와 함께 할 힘도, 믿음 속에 애착없이 길을 떠날 용기도 생겼습니다. 불평하거나 미워할 시간도 없어요. 사랑에 집중하니 제가 무엇인가를 하고 싶어졌어요. 그 무엇인가가 꿈이 되었고, 지금도 저는 제 꿈을 생각하면 심장이 두근거립니다.

제가 그렇게나 몰입했던 영어의 진짜 모습도 세상에 알리고 싶습니다. 저는 영어 덕분에 많은 기회를 얻었습니다. 열등감 많던 아이가 영어 덕분에 존재감을 느꼈고요, 첫 직장도, 대학원 진학도, IMF 시절 입사도, 창업도, 비즈니스도, 좋은 사람들을 만난 것도 영어 덕분이었죠. 영어가 삶의 일부가 될 때 영어도, 삶도 바뀌더라고요. 영어를 조금만 하고도 우리가 원하는 결과를 얻으면 좋으련만 영어는 다른 많은 것들처럼 정직합니다. 영어는 우리가 한 만큼, 딱 그만큼 됩니다.

그간 저는 저 자신을 넘어서며 삶을 바꾸었습니다. 그 과정에서 제가 알게 된것들을 이제부터 여러분과 나누려고 합니다. 현재 나는 누구입니까? 10년 후 나는 누구입니까? 꽃씨는 싹을 틔우고 꽃으로 활짝 피었다가 다시 져서 꽃씨를 남깁니다. 우리도 꽃씨처럼 무한한 가능성을 가지고 있습니다. 저와 트루 셀프의 여정을 함께 하시겠어요? 저는 여러분과 손 잡고 신나게 이 길을 가고 싶습니다.

사랑합니다.

2018년 어느 봄날 마음을 담아,
샤론 드림.

— 제 1 장 —

삶에서 찾은
세 가지 답

첫 번째 영어, 못난이 둘째 딸의 삶을 바꾸다
두 번째 명상, 참나를 만나다
세 번째 코칭, 나다움을 살다

제1장 | 첫 번째

영어, 못난이 둘째 딸의 삶을 바꾸다

둘째 딸은 '옳지' 않았다

나는 1969년에 태어났다. 당시 사회 전반에는 아들 선호사상이 팽배했다. 딸을 낳으면 어머니들은 시댁에서 구박을 받았다. 친정에서는 '아이고, 어쩌냐!'는 탄식이 쏟아졌다. 언니에 이어 내가 태어났으니 나는 '또 딸'이 되었다. 내 뒤로 남동생이 태어났다. 부모님은 아들이라고 기뻐하셨고 이웃들도 '경사'라며 축하했다. 아빠는 동생을 원철이라고 이름지었고, 그 날부터 엄마를 '원철이 엄마'로 불렀다.

나는 자라면서도 신통치 않았다. 언니는 3살부터 책을 읽어 영재 소리를 들었고 동생은 우량아 선발대회의 강력 후보였다. 부모님도, 친척들도 내게 관심을 보이지 않았다. 나는 언니도 부럽고, 남동생도 부러웠다. 내 안에서는 무언가 불편한 감정이 쌓여갔다. 나는 부모님에게 자주 서운했고 엄마는 내가 잘 삐친다고 여러 차례 야단치셨다. 투정을 부릴수도 없었다. 필요 없는 존재이니 나를 쫓아낼까 두려웠다.

다섯 식구가 단칸방에서 먹고 잤다. 부모님은 하루하루 끼니를 걱정하며 자주 한숨을 쉬셨다. 나는 그 한숨 소리를 들을 때마다 불안했다. 엄마는 아이 세 명을 낳고 키우며 아빠와 매일 15시간 넘게 장사를 하셨다. 엄마는 내게 눈길을 줄 여유가 없었다. 나는 외롭고 심심했다. 동생이 방긋 웃으면 부모님도 따라 웃으셨다. 나도 더 자주 웃으며 부모님이 좋아할 언행을 골라했다. '하하, 윤경이 쟤는 여우 같아. 어째 저렇게 듣기 좋은 말만 하니.' 엄마는 나를 애교 9단이라고 불렀고, 나는 그 말을 들을 때마다 좀 안심이 되었다.

나는 '자경이 동생'이었다

엄마는 나를 1년 일찍 국민학교(지금 초등학교)에 넣었다. 내가 학교에 있어야 내 걱정을 하지 않고 일을 할 수 있기 때문이었다. 4살 원철이는 일하는 엄마 등에 업혀 지냈다. 학교 선생님들은 얼굴이 예쁜 아이들과 부잣집 아이들을 예뻐하셨다. 학교에서도 나는 주목을 끌지도, 관심을 받지도 못하는 그저 '여러 아이들 중의 한 명'이었다.

그렇게 학교를 졸업하고 언니가 다니는 중학교에 입학했다. 당시 언니는 전교 선두를 다투었고 그림도 잘 그렸다. 선생님들은 내 이름표를 보면 '아, 네가 자경이 동생이니?' 하면서 환하게 웃으셨다. 선생님들에게 나는 '노윤경'이 아닌 '자경이 동생'이었다. '세상에 나는 혼자야. 아무도 나에게 관심이 없어. 나는 왜 태어났을까?' 나는 자주 이 생각을 했다.

영어로 나는 '윤경이'가 되었다

영어수업 첫 날 'ABC'를 배웠다. 영어 선생님은 지구 반대편에 있는 사람들은 그 ABC를 가지고 대화한다고 했다. 내가 가지고 놀던 종이인형처럼 쌍거풀진 큰 눈에 코도 오똑하고 반짝이는 장식이 달린 화려한 드레스를 입는 사람들이구나 싶었다. 나는 그 멋진 사람들이 산다는 '저쪽 세계'가 궁금했다.

이어 선생님은 '앞으로는 듣고 말하는 영어가 중요하다. 영어 교과서 테이프를 사서 많이 듣고 큰소리로 따라 하라.'고 말씀하셨다. 나는 테이프를 사서 여러 번 따라 했다. 문장도, 문단도 5번 정도 따라 하면 한 과를 저절로 외웠다. 몇 주가 지난 영어 시간, 선생님이 내가 앉아 있는 줄을 가리켰다. "이 줄! 제일 앞사람부터 일어나서 이번 과를 읽어보렴." 우리 줄 아이들이 당황하며 웅성거렸다. 다들 우물쭈물 일어나 더듬거리며 읽었고 어떤 아이는 덜덜 떠느라 아예 읽지도 못했다. 이윽고 내 차례가 되었다. 나는 일어나 책을 읽었다. 내용을 외우니 내 입에서 전체 내용이 술술 나왔다.

'와~' 아이들이 탄성을 질렀다. "너 발음이 좋구나. 이름이 뭐니?" 선생님이 내 이름을 물었다. 지난 달 대학 졸업 후 우리 학교에 부임하신 선생님은 내가 '자경이 동생'이라는 것을 몰랐다. 처음 듣는 선생님의 칭찬에 나는 얼굴이 붉어졌다. 심장이 쿵쾅거렸다. "노윤경입니다." "뭐라고? 아, 노윤경? 그래, 윤경아, 잘 했어." 선생님의 목소리가 내 가슴에 울려 퍼졌다. 순간 나는 머리가 어질어질하고 뭔가 모르게 마음이 뿌듯했다.

그날도 나는 집에 돌아와 가게가 딸린 방에서 큰 소리로 영어 교과서를 읽었다. 가게 바닥을 쓸던 엄마가 '아이고, 허리야~!' 하며 몸을 폈다. 엄마는 빗자루를 들고 한참동안 내 영어 소리를 들었다. 엄마는 미소를 지으며 뿌듯한 표정으로 내게 말씀하셨다. "나는 우리 윤경이가 영어책 읽는 소리를 들으면 그렇게 좋더라." 내 마음이 살랑거리고 따뜻해졌다. 이런 마음이라면 하루 종일 영어를 읽어도 좋을 것 같았다. 나는 영어가 더 좋아졌다.

그날 이후 나는 더 큰 소리로 영어책을 읽었다. 엄마는 내가 영어 책을 읽으면 일손을 멈추곤 했다. 엄마가 듣고 있다고 생각하면 나는 더 신이 났다. 학교에서도 영어 선생님이 책을 읽을 사람을 찾으면 나는 매번 손을 번쩍 들었다. 내 목소리는 더 커지고 당당해졌다. 몇 달이 지나니 국어책을 읽을 때도 떨지 않게 되었다.

나는 다른 책에서 '저쪽 세계'에 있다는 높은 빌딩, 넓은 평야, 다양한 얼굴색과 눈빛을 가진 사람들의 모습을 보았다. 지구 반대편 '저쪽 세계'는 내게 아름다운 동화 속 나라였다. 나는 외롭거나 속상하면 영어 속으로 들어갔다. 영어와 함께 있으면 힘이 났다.

'나는 누구인가?'에 대한 진지한 질문

고3 담임 선생님이 진로 상담에서 내게 통역사를 권했다. 나도 통역사가 되어 전세계를 다니며 외국 사람들과 영어로 대화하고 싶었다. 당시 실용영어나 동시통역 하면 한국 외국어 대학교였다. 나는 1987년에 외대 영어과에 입학했다. 하지만 입학 후 첫 회화수업부터 당황했다. 영어로 'Good morning! Nice to meet you.' 이후 몇 마디 자기 소개를 하고나니 할 말이 없었다. 게다가 같은 과 동기 중 상당수가 교포이거나 영어를 잘 하는 친구들이었다. 나는 기가 죽었다. 나는 주변의 인정을 받고 싶었다. 나는 어떻게 하면 영어를 더 잘 할까 심각하게 고민했다.

학교 밖 사람들은 내가 외대 영어과에 다니니 영어를 잘 할 거라고 생각했다. 나는 영어로 끙끙거리는 내 현실이 창피했다. 하루는 용기를 내어 고등학교 동창에게 영어 때문에 고민이라고 털어놓았다. 동창은 내게 그 자리에서 핀잔을 주었다. '야, 잘난 체 하지마. 그래도 너는 외대 영어과에 다니잖아. 나는 네가 부러워.' 이후 나는 사람들에게 내 고민을 말하지 못했다.

부모님께 이런 고민을 말할 수도 없었다. 두 분 모두 학창 시절에 우등생이었지만 집안 사정으로 학업을 중단하셨다. 못 배운 한으로 당신 자식들 교육에는 돈을 아끼지 않으셨다. 둘째 딸을 대학에 보내겠다고 빚을 내신 분들이었다. 부모님은 언니와 내 대학 등록금을 마련하고자 하루 18시간씩 일하셨다. 두 분에게 내 고민은 사치였다. 나는 막막했다.

나라 사정도 복잡했다. 1987년은 민주화 운동으로, 반미감정으로 뜨거웠다. 1학년 내내 수업 거부와 시험 거부가 이어졌다. 데모에 참여하지 않으면 나도 미 제국주의에 편승한 사람 같았다. 데모에 적극적인 선배들은 수업에 들어가는 과 친구들을 비난했다. 나는 '반미 투쟁'으로 뜨거운 캠퍼스에서 영어과는 왜 존재해야 하는지 고민했지만 답을 알 수 없었다. 나도, 친구들도 차츰 수업에 소홀해졌다. 통역사가 되겠다는 내 꿈도 멀어졌다.

2학년이 되고 수업은 정상화 되었지만 나는 흥미를 붙이지 못했다. '영문학 개론, 미국 소설, 영어 강독, 언어학? 이 과목들이 통역이나 말하는 것과 무슨 상관이람?' 하며 투덜거렸다. 학기 당 주 2시간 회화 수업과 2시간의 듣기 수업으로 말하기 실력을 향상시키기는 힘들었다. 엄마에게 회화 학원비를 요청했다. 엄마는 돈을 건네시면서 "학교에서 전공을 하는데 학원은 왜 다니냐?"며 고개를 갸우뚱하셨다.

비싼 등록금 외에 학원비까지 들어가니 엄마에게 미안했다. 영어 실력이 빨리 올라갔으면 좋겠는데 영어도, 학교도 내 마음 같지 않았다. 회화 학원을 여러 달 다녔다. 하루 3시간씩 집중 학습을 하는 수업도 들었다. 하지만 회화 실력은 크게 늘지 않았다. 이런 실력으로 졸업하면 통역은커녕 외국사람과 간단한 대화도 못 할 듯싶었다. 시간이 갈수록 나는 절박해졌다.

나의 아메리칸 드림

3학년 2학기 어느 날 미국에 사시는 작은 어머니가 "윤경아, 너 영어를 전공한다며? 영어는 미국에서 공부해야지. 우리 집으로 오렴. 근처에 주립대가 있어."라고 하셨다. 가슴이 콩닥 콩닥 뛰었다. 나는 부모님을 졸랐다. "엄마 아빠! 미국에 보내주세요. 저는 이런 영어실력으로는 졸업할 수 없어요." 부모님은 "어떻게 어린 여자 아이가 혼자 미국에 가느냐?"며 반대하셨다.

나는 마음이 급했다. 한국에서는 영어가 안 된다고 부모님을 계속 설득했다. "그래 가라. 네가 어렸을 때 건강하기에 너만 보약을 못 먹였다. 그게 내내 우리 마음에 걸렸다. 그 보약값이다." 여러 날 고심 끝에 부모님께서 나의 미국행을 허락하셨다. 나는 가슴이 벅차 올랐다. 금발에 눈이 파란 사람들과 영어로 대화하는 내 모습을 상상했다. 해결책을 찾은듯 싶었다. 영어실력을 키워 당당하게 한국에 돌아오겠노라 다짐했다. '영어만 할거야. 한국사람은 안 만나!'

1990년 7월 미국에 도착해 대학에서 1년 어학연수를 시작했다. 멕시코, 독일, 브라질에서 온 아이들도 있었지만 대부분 일본, 중국, 한국, 동남아시아 출신들이었다. 전체 6단계 중 나는 레벨 5를 배정 받았다. 우리 반은 유럽, 멕시코, 남미 아이들이 절반이었고 태국, 일본, 중국 아이들이 나머지였다. 한국 사람은 나 혼자였다. 전세계에서 온 학생들과 영어로 수업을 듣는다는 생각에 신이 났다. 나는 수업시간에 일찍 가고 과제도 미리했다. 수업시간에는 적극적으로 질문도 했다.

그렇게 3주가 지났다. 그런데 내 기대와 달리 미국 수업도 재미가 없었다. 한국 상황과 별반 다르지 않았다. 문법은 내게 쉬웠고 회화는 여전히 어려웠다. 영어로 몇 마디 하고 나면 한 시간 수업이 지나갔다. 나는 점차 수업에 흥미를 잃었다. 미국에 있다고 그냥 영어를 잘 하는 것이 아니었다. 코리아타운 재미교포 어른들도 상당수가 '짧은' 영어를 했다. 미국이라는 환경에서 영어실력을 올리는 것은 순전히 내 몫이었다. '이제 어쩐다' 나는 난감했다.

속상하다고 그냥 있을 수는 없었다. 매일 학교 어학실에서 테이프를 따라 하고 집에서는 영어 자막을 참조해가며 TV를 시청하고 밤에는 라디오를 들으며 잠을 청했다. 라디오 방송 진행자는 목소리도 예쁘고 발음도 명확했다. 나에게 그녀는 '꿈꾸는 저쪽 세상'이었다. 언젠가 영어가 내 무의식에 파고 들어 내 안에서 자연스럽게 툭툭 튀어나오기를 기도했다. 어쩌다 영어가 좀 들리는 날은 기분이 좋아졌다. 이렇게 몇 달이 지났다.

불편한 감정들에 직면하는 힘

나는 영어를 자주 쓰고 싶어 다른 나라 학생들과 친해지려고 노력했다. 아이들은 나와 정서도, 공부에 대한 관심도, 상황도 달랐다. 어떤 아이들은 방과 후 친척의 일을 도우며 돈을 벌어야 했고 또 어떤 아이들은 공부에는 관심이 없고 친구들과 술 마시고 노는 것만 좋아했다. 그나마 뜻이 맞는 두 세 명 아이들과 의기투합을 해도 상황은 크게 다르지 않았다. 영어로 대화를 하면 말은 절반이고 나머지 반은 손짓발짓하며 어색하게 웃다가 끝났다. 상대의 말을 못 알아 들어도, 하고 싶은 말을 영어로 표현하지 못해도 우리들은 그냥 웃었다. 웃음으로 대화를 채운 만큼 내 마음은 허탈감을 느꼈다.

대화도 단문 형태로 유치원 수준이었다. 하고 싶은 말은 대학생 수준인데 유치원 수준의 단어로 표현하려니 답답했다. 상대에게 빠르게 대응해야 한다는 생각에 한국말을 영어로 옮기느라 마음이 바빴다. 당연히 내용이 부실했다. 나는 나 자신이 바보처럼 느껴졌다. '내가 이러려고 미국에 왔나.' 시간이 갈수록 속이 답답하고 아무 것도 하기 싫어졌다. 한국에 있는 남자친구는 내게 매주 편지를 보냈다. 나는 그의 전화를 받고 선물을 받을 때마다 생각이 많아졌다. '내겐 내 꿈이 중요하지만 내 꿈이 남자친구에게는 어떤 의미일까? 나는 여기 있고 그는 한국에 있으니 우리의 고민도 달라. 그는 내 고민을 이해하지 못하겠지. 우리가 사귄다는 것은 어떤 의미일까? 진짜 내가 원하는 것은 뭘까?'

미국에 온 목적은 영어이고 나는 그 목적을 달성해야 했다. 아무래도 영어를 배우기에는 미국 사람들이 나을 듯싶었다. 나는 미국 사람들을 만날 방법을 찾았다. 수소문을 해서 현지 미국 토박이들과 성경 공부도 해보고 그들이 개최하는 주말 파티에도 참석했다. 내가 하고 싶은 말을 영어로 바꾸고 외운 후 만반의 준비를 해서 모임에 갔다. 하지만 사람들을 만나고 보통 10분만 지나면 할 말이 없어졌다. 일단 내가 준비한 시나리오대로 얘기가 풀리지도 않았다. 원어민들과 영어로 말할 때마다 내가 지진아가 된 것 같았다. 그럴 때마다 나는 불편하고 민망했다. 나는 어디론가 뿅~하고 사라지고 싶었다.

한국에서는 그렇게도 원하던 원어민들인데, 정작 그들을 만나니 벗어나고 싶었다. 그래도 원어민을 대하는 게 상대적으로 편했다. 한국말과 영어를 둘 다 잘하는 교포들을 만나면 더 부담스러웠다. 그들이 내 영어를 '콩글리쉬'라고 손가락질 할 것만 같았다. 반면 내게 교포들의 한국어 발음은 어눌해도 사랑스럽게 들렸다. 한국말을 안 해도 되는 교포들과는 달리 내게 영어는 꼭 하고 싶은 거였다. 나는 가슴이 답답해질 때마다 집에서 큰 소리로 노래도 부르고 차 운전석에 앉아서 소리도 질렀다. 감정을 털지 않으면 그 무게감으로 깔릴 듯싶었다.

미국 연수하고 또 영어 학원?

미국에서 1년 만에 귀국했다. 영어 스트레스로 10킬로그램이 빠지고, 여러 생각이 많아진 터라 나는 지쳐 있었다. 친한 친구에게 '미국이라면 이제 지긋지긋해. 다시는 미국에 안 갈 거야'라고 하며 울었다. 영어고 뭐고 그냥 아무 생각 없이 살고 싶었다. 미국 쪽은 쳐다보기도 싫었다. 영어도 싫었다. 평일에는 학교에 다니고 주말에는 남자친구와 데이트하고 친구들을 만났다.

친구들은 나보다 1년 앞서 졸업한 후 취직을 했다. 친구들은 내게 '직장 일이 재미없고 영어를 쓰는 일과는 거리가 멀어. 내가 영어를 전공했다는 것이 무슨 의미람! 네가 부러워.' 라고 말했다. 친구들은 내가 1년 간 취직 걱정 없이 영어를 공부했고, 힘들었다지만 살이 10kg나 빠졌으니 그것만으로도 성공이라며 부러워했다. 친구들 사이에서 나는 외톨이가 되었다. 내 어려움은 친구들에게 사치였다. 게다가 친구들이 나를 위로한다 한들, 내 영어가 달라지는 것은 아니었다. 속이 쓰렸다.

그렇게 두 달이 흘렀다. 나는 일상에 익숙해졌고 몸무게도 원래대로 돌아왔다. 미국에서 힘들었던 기억도 차차 희미해졌다. 영어 실력을 올려야 한다는 마음도 스멀스멀 들었다. 이런 실력으로 졸업할 수는 없었다. 실제 실력을 키워야 끝날 고민이었다. 나는 외대부설 어학원에 다니기로 했다. 전문 연수원이니 다른 곳보다는 좀 낫겠지 싶었다. 어머니는 내게 학원비를 건네시며 "미국까지 다녀와서 무슨 어학원이냐?"며 의아해하셨다. 나는 무안했다.

나는 내 학원비를 벌기로 했다. 친구가 잠실의 한 중고생 학원 원장님을 소개했다. 외대 영어과 졸업 예정에, 미국 대학교 1년 어학연수 경험은 든든한 배경이 되었다. 나는 중학생 영어 회화를 담당했다. 회화를 가르치니 영어로 말할 기회가 늘었다. 쉬운 문장과 핵심 패턴으로 말하는 법을 가르치니 내 말하는 실력이 늘었다. 희망이 생긴 나는 더 열심히 가르쳤다.

하지만 영어는 나를 끊임없이 겸손 모드로 돌려놓았다. 영어가 좀 되는 듯싶어 신이 날 즈음이면 곧이어 영어로 나를 표현하지 못하는 순간을 만났다. 그때마다 답답했다. 나는 자유롭고 싶었다. 영어를 하면서 끊임없이 벽을 만났고, 그 벽을 넘기 위해 노력했다. '도대체 언제까지 이렇게 공부를 해야 하는 걸까?' 나는 영어가 끝이 없는 미로처럼 느껴졌다. 많이 지쳤다. 도서관이나 어학 실습실에 있는 내 삶이 지긋지긋했다. 때로는 공부하다 말고 벌떡 일어나 술집에 갔다. 술을 마시면서 사람들에게 불평을 털어 놓으면 스트레스가 좀 풀렸다. 하지만 술 마시기는 임시 방편이었다. 다음 날이면 영어는 태산처럼 다시금 내앞에 버티고 있었다. 나는 숙취로 깨질 듯한 머리를 쥐고 어학실습실로 향했다.

대기업에서 영어 강의를 시작하다

졸업이 다가왔다. 나는 일반 회사에 들어가고 싶지 않았다. 친구들과 선배들을 보니 서류 복사 등 잡무를 하는 경우가 적지 않았다. 그런 직장에서는 내가 원하는 영어 실력을 갖추기도 어려울 것 같았다. 내 장래를 곰곰 생각해보았다. 나는 평소 가르치는 것을 좋아했다. 학창시절에도 수업에 결석했던 친구에게 보충을 해주거나 중고등학교 학생들을 가르칠 때 신이 났다. 회화 수업에서도 나는 좋은 강의평을 받았다. 강의는 내 열정이자 재능이었다. 다만, 어디서, 어떻게 시작해야 할지 몰랐다.

어느 날 우연히 신문에서 기업체 강사 모집 광고를 보았다. 이거다 싶어 이력서를 보냈다. 서류 전형과 면접을 통과했다. 나이가 너무 어린 것이 흠이었지만, 외대 영어과 졸업, 1년 미국 어학연수 경험 그리고 만점에 가까웠던 내 토플 점수가 기업체에 어필했다. 만 22세에 나는 임직원들을 대상으로 영어 강의를 시작했다.

시작이 순조로웠다. 나는 강의장에 서면 오늘은 이런 활동을 해야겠다, 저 게임을 수업에 접목해보아야겠다 하는 아이디어가 반짝반짝 떠올랐다. 내 안에 있는 또 다른 내가 나와서 당당하게 나를 표현했다. 내가 영어로 말할 때마다 수강생들은 눈을 반짝거리고 내 말에 귀를 기울였다. 그들은 나를 부러워하며 나와 영어로 대화하고 싶어했다. 강의 무대에서 나는 더 이상 고등학교 중퇴 아빠와 국졸 엄마의 딸도, 둘째 딸 콤플렉스가 있는 못난이도 아니었다.

나는 노윤경이 아닌 Sharon으로 나를 소개했다. '제 영어 이름은 쉐런입니다.' '샤론이 아니라 쉐런'이어야 했다. 처음 만나는 사람들은 내 발음에 '어머, 교포세요?'하고 놀라기도 하고 지인들은 '오, 예~! 샤론이 아니지, 우리 쉐런, 쉐런~'하며 놀리기도 했다. 처음에는 그런 상황이 불편했다. 하지만 사람들에게 그러지 말라고 매번 당부할 수도 없었다. 벽 하나를 넘어야 다음 벽을 넘을 수 있었다. 그 벽들을 넘어야 내가 원하는 '저쪽 세상'에 도착하는 거라면 벽이 아닌, 징검다리라고 생각하고 사뿐사뿐 건너가기로 했다.

첫 만남을 어떤 맥락에서, 어떤 상황에서 만났는지에 따라 서로의 인상이나 관계가 정해질 때가 많다. 내가 기업체 강사 Sharon으로 칭하는 그 짧은 순간에 나와 기업체 임직원들과의 관계가 정해졌다. 수강생이 나를 20대 초반의 여자가 아닌, 서구식 문화와 사고 방식을 함께 안내하는 전문강사로 인정할 때 학습에 몰입하고 교육 효과가 높아졌다.

나는 수강생들에게 서로 미국식 호칭을 쓰면 서구 문화에 더 친숙해진다고 설명했다. 상무님, 전무님 대신 'Tom', 'John' 이라고 불렀다. 임원들도 미국 연수 때의 나처럼 자주 웃었다. 나를 Sharon이라고 부르며 어색해서 웃고, 더듬더듬 서투른 영어로 자신을 표현하며 답답하고 쑥스러워 허허허 웃었다. 20~30살 더 많은 이들도 내게는 학생이었다.

성인들도 새로운 것을 배울 때는 걸음마를 배우는 아이인 셈이었다. 내가 영어 표현을 가르치는 것만큼이나 그분들에게 잘 하고 있다며 용기와 자신감을 주는 것이 중요했다. 상대에 따라 때로는 환하게 웃고 박수를 치고 또 때로는 함께 오른손을 번쩍 들고 '하이 파이브'를 했다. 적절한 시점에 틀린 표현을 고치는 것도 중요하다. 수강생들은 성장하는 느낌이 있을 때 수업에 만족한다. 나는 사람마다 칭찬 횟수와 수정 횟수의 비율을 다르게 조절했다. 영어 초급일수록 잘 했다고 칭찬하며 자신감과 성취감을 느끼게 할 때 기뻐했고, 고급일수록 더 품격 있는 표현으로 수정 받는 것을 좋아했다. 나는 그들의 성격과 영어 레벨에 따라 페이스를 조절했다. 그들이 영어에 용기를 얻고 자신감이 생긴다며 웃을 때 나도 흐뭇했다.

나는 영어를 더 잘 하고 더 잘 가르치고 싶어서 원어민 회화 수업을 수강했다. 내가 가르치면서 어색하게 느껴지거나 확실하지 않은 영어 표현들을 원어민 강사에게 질문했다. 영어 원어민의 발음과 억양을 들으며 여러 번 그대로 따라 했다. 가르치기 위해 배우고, 내가 가르친 바를 점검 받는 방식이 효과적이었다. 나는 매일 조금씩 강사로서 성취감이 생겼고 자신감도 올라갔다. 목적의식도 생기고 책임감도 커졌다.

내가 커리어를 차근차근 쌓아가고 있던 어느 날 남자친구가 내게 청혼을 했다. 그는 성실하고 마음이 따뜻한 사람이었다. 나도 그가 좋았다. 부모님도 그를 좋아하셨고 내 친구들도 우리를 부러워했다. 그러나 그는 나와 다른 꿈을 꾸었다. 어느 날, 그는 '내가 일을 해보니 바깥일은 힘들다. 사랑하는 당신이 힘들게 일하는 거 싫어. 결혼하면 당신이 일을 안 했으면 좋겠어.'라고 내게 말했다. 그 순간 나는 그와의 결혼이 고시 패스한 고위직 공무원 배우자를 내조하며 가정이라는 둥지를 꾸리는 '안사람'이 되는 길로 느껴졌다.

나는 몇 주를 고심했다. '결혼하면 나는 누구지? 어떻게 살아야 하는 거지? 남편과 아이를 위해 사는 게 내가 원하는 삶인가? 왜 우리는 고등학교 졸업하면 대학에 가고 대학을 졸업하면 취직을 하고 결혼해야 하지? 모든 사람이 같은 길을 가는 것은 무언가 이상해. 다람쥐가 쳇바퀴를 도는 느낌이야. 나는 그를 사랑하는 걸까?' 시간이 갈수록 생각이 많아졌다. 주변 사람들은 그가 성실하고 사회적으로도 인정 받는 좋은 배우자 감이며, 나 또한 '결혼 적령기'를 놓치면 후회할 거라고 했다.

나는 내가 원하는 것을 찾고 그 길을 가고 싶었다. 부모님이나 사회에서 하라고 하니까, 또는 내 인생을 안전하게 책임져 줄 사람이 필요해서 결혼을 하고 싶지는 않았다. 그는 좋은 사람이었고 훌륭한 배우자감이었다. 하지만 나는 세상을 더 알고 배우고 전문가로 인정받으며 성장하고 싶었다. 내가 원하는 때에 결혼하고 싶었다.

나는 나의 길을 가기로 결론을 내렸다. '누구의 아내'가 아닌 '나, 노윤경'으로 사회의 주체로 서고 나의 성장과 행복을 위해 살고 싶었다. 부모님은 대단히 실망하셨다. 하지만 내 생각은 분명했다. 연애를 포기하고 일에 집중해서일까? 내 커리어는 술술 풀렸다. 삼성, 기아, 대우 등 많은 대기업들이 내게 강의를 의뢰했다. 내가 강의 대신 회사에 취직하기를 바라셨던 엄마조차도 '사람에게는 인생에 3번의 기회가 있다고 하더라. 네가 요즘 그 중 한 번을 맞이하는 것 같다.'고 하셨다. 일로 인정을 받고 안정을 찾으니 부모님도 차츰 안심하셨다. 나는 신이 나서 일했다. 강의 경험과 자신감이 쌓이는 것에 비례해 수입이 늘었다. 봄과 가을에 강의를 하고 여름과 겨울에는 해외로 나갔다. 삶이 만족스러웠다.

세계를 누비며 영어로 일하다

강의 1년 차에는 새로운 것을 배우느라 바빴다 2~3년 차에는 하는 일이 안정되고 주변으로부터 인정을 받으니 뿌듯했다. 하지만 만 3년이 넘어가니 무언가 정체되는 느낌이 들었다. 강의 내용도, 만나는 수강생들도 비슷하게 느껴졌다. 하다 못해 해외여행도 감흥이 없었다. 외국에서 새로운 것을 보고 독특한 음식과 문화를 접하고 귀국해도 일주일이 지나면 기억이 가물가물했다. 내 시각이 좁고 지식이 한정되니 외국 사람들과의 대화도 어디 다녀 보았느냐, 뭘 했느냐 하는 수준에 지나지 않았다.

강사는 직장인들보다 수입은 높지만 승진이 없었다. 나는 돈을 버는 것 자체보다 새로운 일을 통해 내가 배우고 성장하고 이를 사람들과 나누는 것을 원한다는 것을 깨달았다. 비즈니스 현장에 대한 실전경험 없이 기업체에서 강의를 하는 것에도 한계를 느꼈다. 무엇보다 승진을 원했다. 승진을 하면 봉급 인상뿐만 아니라 더 중요한 위치에서 더 많은 사람들과 여러 일들을 할 수 있을 거라 생각했다. 어느덧 내 실용영어 실력도 늘어 회사에서 영어로 일할 능력이 갖춰졌다고 판단했다.

하지만 나는 이미 25살이었다. 신입으로 입사하기에는 늦었다. 내가 원하는 타이밍에 세상이 나를 원하는 것은 아니니까. 경영도 모르고 업무 경험이 없으니 경력직도 어려웠다. 대학원에서 경영을 공부해야겠다 싶었다. 나는 내 다음 방향성을 '영어를 잘 하는 경영학 석사'로 정했다. 어느 날 신문에서 국제학대학원 신입생을 모집하는 공고를 보았다. 영어로 국제 경영을 공부하는 프로그램이었다. 이거다 싶었다. 학교에 지원을 했고 입학시험 영어 과목에서 1등을 했다. 무언가 술술 풀리는 느낌이었다. 새로운 시작이었다. 입학 후 낮에 학교에 가고 저녁에 강의를 해서 학비와 생활비를 벌었다.

하루하루가 바쁘고 고되었다. 내가 모르는 분야를 영어로 공부하고 보고서를 쓰고 발표하려니 내 영어수준으로도 부족했다. 영어에 능숙한 외국학생들과 교포학생들 사이에서 다시 스트레스가 쌓였다. 20대 미국 어학 연수 때처럼 나를 가두고 공부에만 몰입하지 못했다. 그래도 내가 결정했으니 내가 책임지자는 마음으로 끝까지 버텼다.

졸업 즈음 나는 한국신용평가정보(KIS)의 구인 광고를 보았다. 회사는 신용평가와 신용정보라는 업무 특성상 IMF 금융 위기로 인해 주목을 받고 있었다. 영어를 잘하는 대리급 전문연구원을 찾고 있었다. 나는 직관적으로 '이 회사다' 싶었다. 우리 나라 경제 위기 상황과 그 여파를 생각해 보았을 때 이 회사의 해외업무가 계속 늘어날 것으로 보였다.

지원서를 내고 3차례 면접을 통과한 후 나는 KIS에 입사했다. 회사는 내 영어 실력과 국제경영 전공, 기업체 통역 경험을 높이 샀다. 모든 경험은 의미가 있었다. 내가 걸었던 한 발 한 발이 다음 삶의 방향을 정했다. 나중에 우리 팀장의 말을 들으니 면접 때 내가 보여준 당당함이 회사 임원들에게 어필했다고 한다. 지난 몇 년간 내가 임원들을 가르치면서 생긴 편안함과 자신감 덕분이었다. 내 상사가 된 팀장은 나의 토익 만점(990점, 1997년) 점수에서 끈기와 성실성을 보았다고 했다. 입사 덕분에 내가 대학원에 입학했던 목적의 50%가 달성되었다. 이제 승진만 하면 내가 원했던 나머지 50%가 채워지리라 기대했다.

입사 후 나는 외국회사들과 전략적 제휴 업무를 담당했다. 무디스, 골드만 삭스, GE 캐피탈, Trans Union 등 세계적인 회사들이 우리 회사를 찾았다. 나는 실무자로 임원을 수행하며 미팅을 하고 협상을 했다. 회사생활은 흥미로웠다. 새로운 것을 배우고 새로운 사람들을 만나며 빠르게 성장했다. 가끔 다른 팀들의 요청으로 타 팀 협조 차원의 통역을 나갔다. 덕분에 사람들과 빨리 친해지고 회사 업무도 신속히 파악할 수 있었다. 사무실 근무가 답답할 때쯤 되면 해외출장을 갈 기회가 생겼다. 나는 여러 나라를 다니며 5성급 호텔에 머물고 영어로 비즈니스를 논의했다. 상대 회사는 운전사가 딸린 대형 리무진으로 우리를 맞이했다.

'저쪽 세계'는 전세계를 날아다니며 현지 회사들과 능수능란하게 협상을 하는 글로벌 리더들로 가득했다. 내가 만나는 외국 임원들은 지적이었고 유쾌했으며 하나같이 세련되었다. 나는 그들의 유창한 영어를 들으며 서로 Sharon, Larry, Maria 하고 이름을 부르며 일하는 것이 좋았다. 외국 임원들은 자신들의 입장까지 배려해 내가 한국과 한국 기업문화도 설명해주고 추가 의견을 주면서 통역을 하니 나를 양측의 가교로 여기며 신뢰했다. 회사 임원들은 미팅뿐만 아니라 시내 관광 등 업무 외 시간까지도 나에게 의존했다.

영어로 말할 때 세상이 내 것 같았다. 나는 양측의 임원들과 일하면서 리더들이 어떻게 협상하고 의사결정을 내리는지, 어떻게 일하는지도 배웠다. 세상을 보는 눈도 넓어졌다. 외국 리더들 앞에 서면 나는 내심 부담도 되었다. 통역을 할 때 그들의 말을 알아듣지 못 할까 싶어 긴장했다. 영어도 영어이지만 업무를 제대로 알고 맥락까지 제대로 통역해야 했다. 하루 종일 미팅을 하고 숙소에 도착하면 침대에 털썩 쓰러지곤 했다.

해외업무를 하면서 영어학습을 병행해야 실력이 늘었다. 학습 없이 해외업무만 하면 계속 같은 언어적, 문법적 오류를 반복한다. 반면, 해외업무를 하지 않고 영어를 공부하면 사용하는 언어에 생생한 느낌이 부족하다. 나는 내 영어수준에 맞는 수업을 찾아 여의도와 강남, 신촌과 종로를 헤매기도 했다. 고급반 수업을 듣기 위해 매일 새벽 시흥 집에서 강남에 갔다가 아침 9시까지 여의도로 출근했다. 주 2회는 야근 대신 신촌으로 영어 스터디에 가느라 매일 11시가 넘어 귀가했다.

그러나 학원의 최고급 레벨도 결국 수강생 차원이었다. 나는 학원에서 열정적인 우수 학생이었지만 회사에서는 미국 파트너들을 상대로 서툰 영어로 업무를 하는 한국 담당자였다. 20년 넘게 해외 업무를 해온 그들은 현지 실무자들과 천천히 말하는 것이 익숙했다. 그러다가 자신들끼리 얘기할 때는 2배 이상 속도가 빨라졌다. 나는 그 모습을 볼 때마다 답답했다. 그들과 원어민 속도로 영어를 말하고 싶었다.

영어가 조금씩 늘었지만 그 느는 속도보다 '멀었어. 어서 빨리 더 늘었으면.' 하는 내 기대치가 더 빨리 올라갔다. 수강생이 5명이었던 최고급 과정이 학생 수 부족으로 결국 폐강되었다. 우리보다 영어를 잘 하는 사람들은 영어학원을 다니지 않고 현장에서 부딪히며 실력을 올린다는 것을 나중에야 알았다. 영어 스터디도 답보 상태가 되어 나는 공부 자체보다 술 마시는 뒷풀이에 시간을 더 쓰기 시작했다. 안 되겠다 싶어 나는 스터디 모임을 그만뒀다.

최상의 시나리오는 정기 수업을 통해 새로운 영어 어휘와 표현을 배우고 회사 일을 하며 배운 것을 실습하고 이때 막혔던 부분을 다시 수업에서 해결하는 것이다. 즉, 학습-실행-성찰의 선순환이다. 그런 차원에서 회사는 돈을 받으며 고급 실전영어를 배우고 실습할 수 있는 고마운 곳이었다.

하지만 정작 미팅이 시작되면 긴장과 스트레스로 실전에서 배우는 기회를 고마워할 여유가 없었다. 긴장감 때문에 늘 도망가고 싶었다. 주말이면 친구들과 술을 마시러 다녔다. 대학교 때부터 내가 마신 술의 반 이상은 영어 스트레스 때문이었다. 술을 마시면 몸도, 마음도, 영어 때문에 고생하는 내 혀도 풀리는 듯싶었다.

입사 3년 차가 되니 슬슬 지루해졌다. 나는 회사 사람들과 아침 9시부터 저녁까지 같은 사무실에서 매일 비슷한 일을 하고 비슷한 얘기를 하며 자주 가는 식당에서 점심을 먹는 나를 발견했다. 재미 없고 답답했다. 비슷한 사람들, 비슷한 환경에서 벗어나고 싶었다. 나를 좀 더 표현하고 싶었다. 화려한 색깔로 눈 화장을 하고 머리를 염색하고 명품 옷을 입었다. 그래도 뭔가 허전했다. 명품 가방도, 큰 차도, 소개팅도 내게 기쁨을 주지 못했다. '내가 꿈꾸던 삶이 이런 거였나? 난 무엇을 위해 살아가고 있는 거지?'라는 질문들이 내 안에 쌓이기 시작했다.

'승진을 해야지. 승진하면 뭔가 삶이 달라질 거야.' 나는 승진을 기다리면서 다른 탈출구를 찾았다. 휴가 때마다 외국으로 떠났고, 다양한 삶의 경험을 가진 여러 나라 사람들을 만나면서 내 호기심을 충족시켰다. 그들은 내 주변 사람들처럼 내게 이렇게 살아라, 저렇게 살아라 하는 말도 하지 않았다. 그들과 부딪힐 일도 없었다. 갈수록 한국이 싫고 외국이 좋아졌다.

하지만 해외 여행의 기쁨과 자유는 그 때뿐이었다. 귀국하면 여행에서 만났던 사람들과도 이내 소원해졌다. 결국 내게 여행은 일시적 도피였고 진정한 자유가 아니었다. '왜 기쁨은 며칠 후, 몇 달 후 사라지는 걸까? 근원적인 기쁨, 변하지 않는 행복은 없는 것일까?' 나는 갈증을 느끼며 근원적인 해결책을 찾았다. 불편한 상황과 감정을 피하지 않고 직면해야 삶도, 관계도 근원적으로 해결될 터였다.

제1장 | 두 번째

명상, 참나를 만나다

언어를 넘어 내면의 충만함으로

나는 허무함을 해결하고 싶었다. 1년 넘게 다양한 취미부터 교회, 성당에 다니는 일까지 내가 생각할 수 있는 모든 것을 시도해보았다. 답을 찾을 수 없어 지쳐 포기하려는 순간에 우연히 한 온라인 동아리를 만났다. 이름이 '부처님 나라'였다. 내가 불교 모임을 찾을 거라고는 생각도 못했다. 당시 불교는 나와는 거리가 먼 '할머니들이 오래된 법당에서 부처님 앞에 쌀을 올리고 두 손 모아 기도하는 구닥다리'였다.

하지만 '부처님 나라'라는 말이 푸근하고 따뜻하게 느껴졌다. 호기심이 생겼다. 지푸라기라도 잡고 싶은 마음으로 동아리에 가입했다. 영어 스터디 모임 덕분에 평소 온라인 동아리 개념에 익숙했고, 이름이 '~사(寺)'로 끝나지 않아 그나마 저항감이 적은 덕분이기도 했다. 일반 절이라면 찾아갈 엄두를 내지 못 했을 것 같다. 동아리는 생각보다 친근했고 활기찼다. 게시물들도 좋은 내용의 글이 많았다. 온라인에서 좋은 인상을 받아 나는 오프 모임에 참가 신청을 했다. 사람들이 신입 회원인 나를 따뜻하게 맞아주었고, 나는 쉽게 친근감을 느꼈다.

마침 동아리에서 봉화 축서사를 방문해 무여 스님을 뵙고 법문을 들을 거라고 했다. 나는 무여 스님이나 참선을 알지 못했다. 그냥 동아리 사람들과 함께 하겠다는 마음으로 참가 신청을 했다. 토요일 교통 체증으로 서울에서 축서사까지 6시간 이상 걸렸다. '월요일 아침 일찍 출근해야 하는데 그냥 집에서 쉴 걸 괜히 왔나' 후회하는 마음이 들었다. 축서사에 도착하니 어느덧 밤이었다. 밤하늘에 별들이 쏟아질 듯 했다. '아, 아름다워라!' 후회했던 마음이 순식간에 사라졌다.

다음날 아침 우리 일행은 스님 방에 들어갔다. 나는 자리를 잡고 앉으며 앞에 계시는 스님을 쳐다보았다. 순간 내 몸에서 전율이 일었다. 스님에게서 눈을 뗄 수가 없었다. 예순이 넘어 보이는 노스님 얼굴은 부드럽지만 고요했다. 나는 호기심이 생겼다. 스님은 아무 말씀없이 입가에 옅은 미소를 띠고 우리 일행을 둘러보았다. 그때 나는 그분과 눈이 마주쳤다. 스님은 평안하고 행복해 보였다. 뭔가 형용할 수 없는 존재감이 그분에게 있었다.

'아, 이거, 도대체 뭐지?' 내 심장이 쿵쾅거렸다. 내 내면에서 뭔가 맑고 청량한 느낌이 올라왔다. 그 순간 나는 울기 시작했다. 내가 왜 우는지 나도 알 수 없었다. 감동을 받은 것처럼 마음에 무엇이 다가왔고 동시에 반갑고 서러웠다. 내 마음이 정화되는 것 같았다.

드디어 스님이 말문을 열었다. 스님의 목소리는 부드럽고 작았지만 힘이 있었다. 스님은 마음 수행을 하면 영원한 행복을 얻을 수 있다고 했다. 그 말이 내 귀에 쏙 들어왔다. '영원한 행복이라고? 이건 내가 찾아온 거잖아.' 눈 앞이 환해졌다. 나는 스님 말씀에 귀를 기울였다.

나는 수십 개국을 다녀도, 우리말과 영어로 사람들과 얘기를 해도 내면이 허전했었는데, 스님은 시골에 계시면서도 행복하고 평안해 보였다. 스님은 참선 수행을 설명했고 나는 그것이 무엇일까 궁금했다. 스님의 말씀에는 언어를 넘어서는 그 무엇이 있었다. 내면에서 '저분이야. 나는 저분처럼 될 거야.'라는 소리가 올라왔다. 무여 스님은 내가 찾던 바로 '그 답'이었다. 30분 넘게 훌쩍거리고 나니 속이 개운했다.

스님은 우리 일행에게 매일 108배와 관세음보살 기도를 권하셨다. 나는 눈을 반짝이며 "네! 하겠습니다."라고 대답했다. 평소 자기 주장이 강했던 내가 어느덧 말 잘 듣는 유순한 아이가 되었다. 귀경 후 나는 매일 108배와 염불을 하면서 스님을 생각했다. 때로는 행동이 마음을 만들었다. 절을 하면서 몸과 고개를 숙이니 나 스스로 차분해지고 주변에 고개를 숙이며 겸손하게 살아야겠다는 마음이 올라왔다. 관세음보살이라는 말에는 어떤 에너지가 있는 듯싶었다. 내가 '관세음보살~' 하면 그 소리가 내 입부터 온 몸으로 울리고 주위에 퍼졌다. 나는 내면과 주위가 편안해지는 것을 느꼈다. 내 삶은 조금씩 안정이 되었다. 나는 스님이 말씀하신 행복이 이런 것인가 싶었다.

이후 나는 한 달에 두 번 봉화 축서사에 갔다. 평소 운전을 좋아하지 않던 나였지만 왕복 10시간 운전해서 축서사에 100번 넘게 오갔다. 한 번도 피곤하거나 힘들다는 생각을 하지 않았다. 스님은 나를 보실 때마다 조용히 웃으셨다. 그 미소는 나를 설레게 했다. 나는 어떤 사람이 내게 이렇게 영향을 미칠 수 있다는 것이 신기했다. 지난 10년 동안 언어에 기반해서 일하고 살아오던 내가 이제는 언어를 넘어선 삶을 알아가고 있었다. 나는 고요 속 충만함을 느꼈다. 그렇게 무여 스님은 내게 빛이 되었고 나는 그 빛을 향했다.

장기 휴가 때마다 축서사에서 마음수행을 했다. 조용한 법당에 있으면 마음이 편했다. 갈수록 내가 가진 물질적인 것들이 의미 없게 느껴졌다. 영어도 의미가 없어졌다. 더 이상 해외에 나가지 않아도 좋았다. 아침에 다니던 영어학원을 그만 둔지 벌써 오래였다. 이제 미국이 아닌 축서사가 내가 가고 싶은 '저쪽 세계'가 되었다.

승진 후 새로운 길을 떠나다

스님을 처음 만나고 1년쯤 지났다. 좋아하면 집착이 되는 걸까? 아니면 제행무상이니 모두가 변하기 때문일까? 기쁨에 차서 축서사를 오가던 마음이 어느덧 괴로움으로 변했다. 나는 어느덧 일도, 영어도, 남자친구에게도 흥미를 잃었다. 회사를 그만 두고 절에서 마음 수행을 하고 싶었다. 일하는 대신 수행을 하면 내가 더 자유롭고 행복해질 것 같았다. '궁극의 깨달음'이 내 유일한 목표가 되었다.

'아니야, 참자. 네가 승진을 하고 싶어 회사에 들어온 거잖아. 승진을 하면 삶이 달라질 거야. 일도 달라지고 외국도 더 자주 나가게 되겠지. 부모님도 내가 회사를 다니니 안정된 삶을 산다며 안심하고 좋아하시잖아.' 나는 스스로를 다독였다.

기다린 보람이 있는 걸까? 입사 4년 후 2003년 1월 나는 선임 연구원으로 승진했다. 무엇보다 부모님이 기뻐하셨다. 나는 더 열심히 살자며 마음을 다잡았다. 출근 시간을 스스로 앞당기고 거의 매일 야근했다.

하지만 기쁨은 곧 실망이 되었다. 승진의 기쁨은 한 달을 넘지 못했다. 월급은 올랐지만, 내가 하는 일도, 만나는 사람도 별반 달라지지 않았다. 나는 혼란스러웠다. '이게 승진이야?' 결국 승진도 여행이나 명품 가방처럼 내게 찰나의 기쁨이었다.

내 고민이 다시 시작되었다. '왜 우리는 일하지? 결혼하고 아이를 낳는 건 뭘까? 나도 돈을 벌어. 돈 때문에 결혼하는 건 아니잖아. 승진은 어떤 의미이지? 수행을 본격적으로 하면 진정한 행복을 찾을까?' 나는 답답했다. 답을 알지 못하고 하루하루 살다가는 미칠 것 같았다. 승진을 하고 싶어 대학원에 가고 입사를 했는데, 이제 승진을 했으니 내가 더 이상 회사를 다닐 이유가 없어졌다. 나는 4월에 사직서를 제출했다.

"미쳤니? 그 좋은 회사를 그만 둔다니, 너는 바깥 세상이 얼마나 험한지 모르는구나?" 주위 사람들이 나를 말렸다. 부모님도 속상해 하셨다. 하지만 누구의 말도 들리지 않았다. 나는 내가 왜 태어났는지, 왜 사는지, 어떻게 살아야 하는지 알고 싶었다. 영원한 행복을 찾지 못하면 미칠 것 같았다. 무여 스님은 영원한 행복이 가능하다고 하셨다. 본격적으로 마음 수행을 해서 깨달음을 얻고 싶었다.

나는 무여 스님께 축서사에서 100일 기도를 하고 싶다고 청했다. 하지만 30대 젊은 여성이 절에서 장기 기도를 한 적이 없었다. 무여 스님은 직접 약도까지 그려주시며 다른 기도 장소들을 추천하셨다. 나는 7~8곳의 기도처에 가서 기도를 했다. 하지만 내 마음은 축서사에 있었다.

나는 무여 스님께 여러 번 청했다. 결국 몇 달 후 허락을 얻었다. 나는 나 자신에게 그리고 스님께 '100일 동안 절을 절대 떠나지 않겠다'고 약속했다. 축서사에서 내가 원하는 행복을 찾을 수 있을 거라는 희망에 마음이 설랬다. 2003년 9월이었다.

200일 기도에서 나를 찾다

너무도 하고 싶었던 기도였다. 나는 매일 새벽 3시에 일어났고 법당에서 13~17시간을 관세음보살 기도를 하고 밤 10시에 잤다. 매일 2시간 설거지를 했다. 가끔 밤을 새며 기도했다. 내가 왜 태어났는지, 내 존재에 대한, 삶의 의미에 대한 답을 찾고 싶은 마음이 끓어올랐다. 나는 영원한 행복을 얻고 싶었다.

기도를 시작한 지 50일이 넘어갔다. 겨울이 왔다. 법당 실내는 낮에도 영하 10~15도였다. 서울의 따뜻한 난방에 익숙했던 나는 오돌오돌 떨며 법당으로 향했다. 사람들은 내 모습을 안쓰럽게 여겨 두툼한 옷을 주었다. 나는 아래 위 합쳐 15개가 넘는 옷을 입고 법당을 오가며 기도를 했다.

처음에는 기도로 인한 변화가 느껴지고 내가 달라지는 것 같았다. 내게 작은 변화라도 보이면 나는 신이 나서 스님 방으로 쪼르르 올라갔다. 스님께 칭찬을 받으면 나는 하늘을 나는 것처럼 신 났다. 그러다 막히는 듯싶으면 '이건 어떤 의미냐, 제가 잘 하고 있는 것이냐, 요즘은 무언가 되는 것 같지 않다.' 등등 질문도 하고 하소연도 했다. 그때마다 스님은 내 얘기를 들어주시고 격려도 해주셨다.

그러던 어느 날, 스님은 작정을 하셨는지 '그냥 무심히 수행에 임해야지 일주일이 멀다하고 달려오는가, 지금 말하는 그 경계들은 모두 망상이다.' 하시며 나를 혼내셨다. 그 모습이 얼마나 매서웠는지 나는 눈물이 찔끔 났다. 나는 괜히 봉화까지 기도를 왔나 싶었다.

날씨는 더 추워졌고 기도는 갈수록 지루해졌다. 내가 쑥쑥 성장하는 모습을 스승께 보여 드리고 싶었는데 마음처럼 되지 않았다. 어느 지점에 이르니 막히는 느낌이 들었다. 차츰 내가 무엇인가 잘못하고 있나, 정말 기도를 하면 영원한 행복을 얻을 수 있나, 영원한 행복이라는 것이 있기는 한 것일까 하는 의심마저 들었다.

바로 앞 1분 거리에 있는 스승의 처소로 달려가고 싶었다. 나는 스님께서 잘 할 수 있다고 격려를 하시면 힘이 나서 한 달은 아무렇지도 않게 버틸 수 있을 것 같았다. 예전에 서울에서 절에 오면 스님과 30~40분은 대화를 했었는데, 정작 축서사에서 지내니 2주에 한번 스님과 대화하기도 힘들었다. 실망스러웠다. 자상한 스승의 가르침 아래 내가 '왜 태어났는가?'에 대한 질문에 답을 찾을 줄 알았다. 그런데 마음 수행은 진척이 없고 스님은 무심해 보였다.

나는 누구에겐가 위로를 받고 싶었지만 서울에서도, 절에서도 나를 이해하는 사람은 없는 듯했다. 참나를 찾겠다고 직장을 그만 두고 서울을 떠나 절에 내려온 30대 싱글 여성을 누가 이해할 수 있을까? 나는 온 우주에 나 혼자인 듯 외로웠다.

하지만 '영원한 행복'에 대한 답을 찾지 못하고 서울로 돌아갈 수도 없었다. 회사도 그만 두었으니 서울로 돌아가서 당장 할 일도 없었다. 기도를 통해 정면 돌파해야 끝날 일이었다. 내가 속상하든, 뿌듯하든 기도 시간은 하루에 4번 어김없이 다가왔다. 나는 법당에 가서는 부처님을 원망했다. '정말 제가 부처가 될 수 있나요? 얼마나 더 해야 하나요? 10년 후라도 좋으니 제가 깨달을 날을 알려 주세요. 그러면 제가 더 열심히 할게요.' 하는 소리가 절로 나왔다.

부처님은 내 하소연에 아무 말씀도 없었다. 내게 평소에 인자해 보이던 불상이 이제는 무심하게 느껴졌다. 나는 관세음보살을 큰소리로 부르다가 엉엉 울었다. 서러웠다. 나는 다 포기하고 따뜻한 방에서 자고 싶었다. 내가 산골짜기에서 뭘 하는 걸까 싶어 법당에서 혼자 엉엉 울었다. 깨달음이고 뭐고 서울로 가고 싶었다. 바깥도, 내 마음도 추웠다. 내 스스로가 원망스러웠다. '다른 사람들처럼 그냥 살지, 왜 회사를 뛰쳐나왔을까? 왜 제대로 작별 인사도 하지 않고 남자친구를 떠났을까?'

마음이 추우니 배가 더 고팠다. 매 끼니마다 밥을 두 그릇씩 먹었다. 슬프다 하면서도 밥상에 떡과 과일이 추가로 올라오는 날은 눈을 반짝였다. 아무리 먹어도 살이 계속 빠졌다. 옷들이 모두 커졌다. 나는 이를 악물고 참았다. 나중에 보니 또다시 10kg가 빠졌다. 고통의 시간도 지나갔다. 어느 날 기도하다가 나는 13년 전 미국에서 실컷 영어를 해보겠노라 기세 좋게 외쳤다 좌절했던 기억들이 생생하게 떠올랐다. 이번 기도에서도 나는 같은 패턴을 반복하고 있었다. 축서사에서 마음껏 기도하리라 했었는데 변화가 없다며 좌절하고 있었다. 내 머리 속에 불이 들어왔다.

영어도, 수행도 같은 과정이었다. 원인이 있으면 결과가 있다. 자신을 믿고 꾸준히 영어를 하니 어느덧 내 영어가 달라졌던 것처럼 어떤 분야도 본 궤도에 들기 위해서는 꾸준히 하면 되는 거였다. 씨앗을 심고 알맞게 물을 주고 햇볕을 받으면 싹이 난다. 언제 꽃이 피느냐며 땅을 자꾸 파서 씨앗을 확인하면 씨는 말라 죽는다. 영어처럼 기도도 내가 하는 것이었다. 절과 스승은 내가 기도를 잘 할 수 있도록 도와주는 후원 환경일 뿐이었다. 미국에 있다고 영어가 저절로 되는 것이 아니었던 것처럼, 내가 현장에서 부딪히고 깨져가며 영어를 익히는 것처럼 기도 또한 이런 내 마음을 바라보고 직면하고 다스리고 나아가는 것이었다.

나는 다시 힘을 냈다. 때로는 마음이 편안해졌고 때로는 나 자신을 야단쳤다. '내가 왜 태어났는지, 영원한 행복을 찾는 것이 이렇게 힘든 것일까?' 하며 눈물도 흘렸다. 다만, 시간이 지나면서 마음이 예전처럼 흔들리지는 않았다. 그렇게 처음 예정한 첫 100일이 종반에 이르렀다. 100일 기도가 끝나는 날, 나는 내 마음 속 텅 빈 자리를 보았다. 아무것도 없었다. 나는 스승께 텅 빈 자리를 보았다고 말씀 드렸다. 스승은 잔잔한 미소를 지으며 고개를 끄덕이셨다. 그리고는 이제부터 본격적으로 참선을 해보라며 내게 '이뭣꼬?'라는 화두를 주셨다.

나는 내가 체험한 것이 어떤 의미인지 알 수 없었지만 스승의 인정에 자신을 얻었다. 조금 더 기도를 해보자는 마음이 들었다. 두 번째 100일 기도를 하고 싶다고 여쭈니 스님이 '잘 해보거라.'하시며 그 자리에서 허락하셨다. 2번째 100일 기도에서 나는 나만의 방식을 찾아나갔다.

우선 21일 1080배 기도로 시작했다. 보통 삼칠일 기도로 부르는 21일은 새로운 세포가 생기는 기간이라는 얘기를 들었다. 그 세포가 자생력을 가지는 것이 100일이라고 했다. 처음 며칠은 500배가 넘어가면 숨이 막히고 힘이 들어 아무 생각이 나지 않았다. 열흘이 넘어가니 1080배 내내 몸도 가볍고 마음이 차분했다. 21일 째 마무리 기념으로 3000배를 했다. 3년 전 첫 3000배를 할 때 20시간이 걸렸고 이틀을 앓았는데 이번에는 10시간이 걸리고 몸도 가벼웠다. 꾸준함의 힘이었다.

다음 단계로는 21일 간 묵언(默言) 수행을 했다. 침묵 속에 마음을 집중하니 판도라의 상자가 열리는 것 같았다. 내게 이렇게 많은 생각과 감정이 있었나 싶을 정도로 끊임없이 온갖 잡념들이 흘러나왔다. 그간 참고 눌렀던 감정들이었다. 서운함, 짜증, 실망, 걱정 등 여러 감정들이 섞여있었고 무엇보다 나 스스로 내 자신에 대해 계속 판단하고 비판하고 꼬리표를 붙이고 있었다.

때로는 생각에 한없이 끌려가기도 하고 때로는 어떤 감정에 사로잡혔다. 오래된 감정을 떼어 낸다고 여러 날 끙끙거리기도 했다. 그러던 어느 날부터 마음이 고요해지며 편안해졌다. 어느덧 나는 누군가와 마주치면 말 대신 미소를 지었다. 내가 묵언을 하는 것을 아는 상대 또한 미소로 답했다. 우리가 살아가는데 많은 말이 필요하지 않았다. 침묵안에서 언어를 넘어 상대와 교감하며 따뜻함을 느꼈다. 내 마음이 더 차분해졌다.

21일이 지나고 나는 다시 말을 시작했다. 어느덧 나는 말을 아끼며 상대를 느끼고 교감하고 경청하고 있었다. 200일이 되는 날까지 감정은 여전히 오르락 내리락 했지만 진폭은 점점 줄었다. 200일이 다가오자 나는 설레었다. 기도가 끝나면 어떤 일이 벌어질까 궁금했다. 어떤 기도의 가피(효험, 은총을 의미하는 불교 용어)가 있거나, 첫 100일 기도가 끝나는 날 '텅 비어 있음'을 보았으니 이번에는 더 특별한 경계(특정 변화를 보이며 어떤 단계에 이르렀다는 것을 의미하는 불교 용어)가 나타나고, 이를 스님이 인정하고 칭찬하시지 않을까 내심 고대 했다.

하지만 200일이 되는 날에 나는 과일이며 떡이며 음식을 장만해서 불공도 올렸다. 하지만 내게는 아무런 변화도 없었다. 그날도 그저 수많은 200일 중 하루였을 뿐이었다. 나는 혹시나 싶어 몇일을 더 기다렸다. 하지만 마찬가지였다. 나는 실감이 나지 않았다. '내가 기도를 잘 못 했나?' 진척이 없는 내 모습이 부끄러웠다. 스승께도 죄송스러웠다. 나는 서둘러 절을 떠나 서울로 돌아왔다. 참담했다. 내가 확신을 가지고 내렸던 결정들에 대해 의심이 들기 시작했다. '그냥 100일 끝나고 화두를 받아 참선을 시작할 걸. 괜히 100일 더 했네.', '이게 뭐야. 헛고생이야.' 절에도 가기 싫고 스승도 만나기 싫었다.

왜 태어났는지를 알다

서울에 돌아와 아무 생각 없이 한두 달 보내다가 차츰 사람들을 만나기 시작했다. 예전 회사 동료들이 내게 비즈니스 영어를 가르쳐 달라고 요청했다. 그들은 나처럼 회사에서 영어로 업무를 하고 싶어했다. 1년 전 퇴사할 때 나는 영어고 뭐고 모두 버리고 오직 깨달음을 얻겠다는 마음뿐이었다. 이제 나는 기도에 대한 실망으로 '에라, 모르겠다 일이나 하자.' 싶었다.

몇 명을 대상으로 1대1 영어 교습을 시작했다. 3개월쯤 지나자 차츰 내게서 배우려는 사람들이 늘었다. 어느덧 수입이 늘어 내가 원하는 시간에 하루 반나절만 일해도 예전 회사 월급과 비슷해졌다. 나를 믿고 찾아온 사람들을 대상으로 내가 원하는 방식으로 내가 잘하는 내용을 가르치니 스트레스도 없고 즐거웠다. 그들은 자신의 회사에 어학 지원비를 청구하기 위해 증빙서를 제출해야 한다고 했다. 증빙서를 발행하기 위해서는 내가 사업자가 되어야 했다. 나는 계획에도 없던 창업을 했다. 2004년 10월이었다.

때로는 형식이 내용을 만들었다. 사업자 등록을 하고 나니 내가 변했다. 프로 의식이 더 생겼다. 늘 청바지를 입다가 정장을 입은 느낌이었다. 내 회사를 차리고 보니 하루 24시간 내내 회사와 일만 생각했다. 내가 회사 다닐 때 내 일처럼 열심히 일했다고 생각했었는데 창업을 하니 '진짜 내 일'이 되었다. 내가 원하는 삶을 만들어나갈 수 있었다. 하루 15시간을 일해도 힘들지 않았다. 일이 잘 되니 마음도 여유가 생겼다. 다시는 안 갈 것 같았던 절에도 다시 가기 시작했다. 장기 휴가 때면 축서사로 일주일 기도를 갔다. 그러던 2015년 12월 어느 날이었다. 법당에서 기도를 하는데 무엇인가 머리에서 가슴으로 뚝 떨어졌다.

'너는 사랑이야.'

어떤 목소리가 내 안에서 울려 퍼졌다. 나는 일순 당황했다. '뭐, 사랑? 이거 알려고 그간 내가 기도한다고 그 야단을 한 거야?' 하지만 달랐다. 가슴이 활짝 열리고 눈이 환해졌다. 내 눈이 얼굴에만 있는 것이 아니었다. 내 심장으로 몸으로 들리고 보였다. 나와 주변이 하나였다. 내가 사랑이기에 그저 존재하면 되었다. 나는 내가 사랑인줄 모르고 주변에 사랑을 갈구했다. 순간 내면에 환하게 빛이 들어왔다. '아, 내가, 내 앞의 사람이, 천하가 부처님이고 관세음보살이구나.' 그간 내 기도의 답이었다.

나는 평생 내 존재대로 살면서 다른 사람들도 자기 본연의 모습을 찾도록 돕겠다고 마음먹었다. 자연스레 다음 질문이 올라왔다. '스님이 될까?' 나는 스님이 되고 싶기도 하고, 되고 싶지 않기도 했다. 누군가는 스님이 되는 것은 복된 일이고 아무나 스님이 되는 것은 아니며, 출가가 영광스러운 일이라고 했다. 스님이 되면 수행을 하며 많은 이들을 도울 수 있다.

하지만 나의 재능이나 열정은 스님보다 다른 모습이 잘 맞을 것 같았다. 두렵기도 했다. 나는 미혼에 딸린 식구도 없고 소유한 것도 별반 없으니, 버릴 것도 없고 바라는 것도 없다고 말해왔다. 그런데 이번 선택으로 앞으로의 내 삶이 결정된다 생각하니 덜컥 겁이 났다. 그간 세속에서 배운 것이 아까웠다. '저축해놓은 돈은 누구를 주는 것이 제일 좋을까?' 등 자잘한 생각도 꼬리를 물었다. '내가 모든 것을 다 버리고 떠날 수 있을까?' 무엇인가 명료하지 않았다.

나는 부처님 앞에 조용히 앉았다. 들이마시고 내쉬는 호흡에 집중했다. 차츰 마음이 차분 해졌다. '내가 원하는 삶은 어떤 것일까? 나는 어떻게 살고 싶은 걸까?' 하고 내 자신에게 물었다. 내 마음을 들여다 보니 하나 둘 내 감정과 생각들이 느껴졌다. 나는 떠나고 싶으면서 떠나기를 두려워하는 나를 발견했다. 나는 어떤 패턴을 반복하고 있었다. 현재의 내 모습에 만족하지 않고 인정하지 않으며 다른 모습이 되기를 원하고 있었다. 감정을 하나씩 만나면서 그 감정이 정리가 되었다. 마음이 편안해졌고 명쾌해지니 생각도 명료해졌다.

다음 질문이 올라왔다. '출가가 무엇일까?'

모든 것을 다 가졌던, 훗날 왕국까지 이어받기로 되어있던 왕자 싯다르타가 머리를 깎고 출가를 했다. 그는 35살에 진리를 깨달아 부처 ^{깨달은 자 또는 눈을 뜬 자의 의미} 가 되었고 그의 가르침은 지난 2,000년 넘는 세월 동안 수 천, 수 억 사람들의 삶을 변화시켰다. 나에게 출가란 부처님처럼, 무여 스님처럼 되는 것이었다.

그런데 부처님과 무여 스님은 같고도 달랐다. 두 분 모두 수행자로 자신이 깨닫고 다른 이들이 깨닫도록 길을 제시했다. 대신 두 분은 시대가 다르고 상황이 다르고 타고난 것이 달랐다. 부처님의 가르침 덕분에 무여 스님을 포함해서 많은 이들이 스님으로, 재가자로 다양한 모습으로 깨달았다. 목적지는 같되 서로 가는 방법은 다를 수 있다. 부처님도, 스승도 승속(僧俗)을 떠나 누구나 깨달을 수 있다고 하셨다.

그렇다면 나에게 출가의 본질은 단순히 머리를 깎는 문제가 아니라 두 분처럼 진리를 깨닫고 다른 사람들이 진리를 깨닫도록 돕는 것이었다. 깨달음이 인도에만, 중국에만, 한국에만 있지 않았던 것처럼 절이나 산에만 있지 않았다. 어떤 일을 하면서 어디에서 어떻게 살 것인가는 선택의 문제였다. 스님이면 불자가 아닌 사람들을 만나기 힘들 터였다.

나는 그제서야 지난 200일 기도가 나를 찾고 향후 삶의 기틀을 만드는 훈련의 시간이었다는 것을 알았다. 그 순간 내게 삶이 기도가 되고 세상이 법당이 되었다. 나는 산 속의 절이 아닌 서울에서, 그리고 전세계를 날아다니며 나다운 기회와 가능성을 열기로 했다. 나는 어떤 직업을 가지고 무엇을 할 것인가는 알지 못했다. 걱정하지 않았다. 예전에도 열심히 찾으면 다음 문이 열렸다. 나는 절을 떠나 서울로 힘차게 돌아왔다. 내 심장은 뜨거움으로 가득했다.

제1장 | 세 번째

코칭, 나다움을 살다

내 평생의 일을 찾다

나는 서울에서 고객들을 만나며 비즈니스 현장을 배워나갔다. 계약을 체결하면 기쁨에 들뜨고 제안이 거절되면 속상했다. 대기업과 대규모 계약 논의가 되다가 해당 기업의 사정으로 계약 논의가 갑자기 중단되기도 했다. 사무실을 확장하고 영어 강사진을 추가 섭외하면서 투자했던 돈과 시간 그리고 자원들이 한순간에 사라졌다. 재정적, 감정적으로 회복하는 데 여러 달이 걸렸다.

이래 저래 내가 예전에는 예상치 못한 일들이 많았다. 많은 사람들에게 '노윤경=다니는 회사'였다. 예전 회사에서는 내가 명함을 건네면 '아, KIS(한국신용평가정보)에 다니시는군요?' 하면서 대부분 상대가 먼저 인사를 했다. 해외 출장을 가면 대형 리무진이 우리를 마중 나왔다. 한국에서도 골드만 삭스나 GE Capital의 임원들을 만나고 해외 파트너사와 전략적 제휴를 논의한 후 최고급 식당에서 만찬을 하기도 했다. 내 자부심은 하늘까지 솟구쳤다.

그런데 KIS 명함이 사라지는 순간 내 존재감도 사라졌다. 이제는 내 회사가 무엇을 하는지 사람들에게 매번 설명해야 했다. 설명을 해도 정작 상대는 내 회사에 별반 관심이 없었다.

내가 하는 일을 말하면 어떤 사람들은 자신에게 세일즈를 하지 말라는 듯 얼굴에 불편한 기색을 보였다. 어떤 사람은 고개를 돌리기도 했다.

사람들이 내 존재를 거부하는 것 같이 느껴졌다. 18평 오피스텔이 내 사무실이라고 말할 때 자격지심을 느꼈다. 사람들이 도움을 주고자 하는 내 마음을 몰라주는 것 같아 속상했다. 자존심이 상했지만 비즈니스를 유지하기 위해서는 무엇인가를 계속 해야했다. 내 통장의 잔고도 계속 줄었다. 심리적 압박이 늘어났다. 당황스러웠다. 어떻게 해야 할까? 나는 계속 고심했다.

어려워질수록 본질로 파고 들어갔다. 핵심은 "Why?"였다. 사람들은 영어를 통해 변화하고 싶어 했다. 나는 질문했다. 영어를 통해 어떤 삶을 살고 싶은지, 영어가 자유롭다면 어떤 일들을 하고 싶은지 물었다. 점점 더 그들이 원하는 삶과 영어에 집중했다. 그들이 꿈을 잊지 않도록 지속적으로 꿈을 상기시켰다. 나는 고객들이 영어를 잘 하도록 방안도 나누고, 영어 목표를 이루는데 걸림돌이 될 만한 것들을 함께 해결해 나갔다. 고객들은 시험에 붙거나 승진을 하고 미국에 가서 안착을 하고, 회사에서 주최한 영어 프레젠테이션 대회에 나가 아프리카 여행을 상으로 타기도 했다. 고객들은 이런 성공에 고무되어 또 다른 목표에 도전했다. 한 번 두 번 성공을 하면서 더 쉽게 성공 경험을 했고, 우리의 자신감도 함께 올라갔다.

나는 기본에 충실했다. 영어는 장기 레이스이다. 고객들은 스트레스가 쌓이거나 바빠지면 영어를 포기했다. 감정 관리와 건강 관리는 필수였다. 고객들은 고민이 많아도 중도에 포기했다. 나는 점차 고객들의 고민을 듣고 위로도 하며 함께 풀어나갔다. 나는 그들이 원하는 삶이 어떤 것인지 묻기 시작했다. 우리는 행복한 삶에 대해 이야기했다. 함께 웃고 속상한 일들을 풀어가면서 고객들에게 더 관심이 생겼다. 고객들이 자신에 대해 이야기하면 나는 경청했다. 그들은 자신의 고민을 얘기하다가 스스로 해결 방안을 생각해냈다. 고민이 풀리면 그들은 영어에 몰입했다. 시간이 갈수록 고객들도 나도 더 자주, 더 많이 웃었다.

내게 사업이란 세상에 나의 존재를 선언하고 내가 원하는 세상을 만들어 가는 여정이었다. 내가 하는 사업 자체가 기도이고 마음 수행이었다. 내게 기도란 절대 존재에게 무엇을 바라고 그 절대 존재가 내가 바라는 것을 이루어주는 것이 아니었다. 기도는 내가 구체적으로 무엇을 하며 어떻게 살지를 알아가는 과정이자, 그 모습이 되기 위해 나를 만들어가는 통로였다. 나는 내 이익과 회사 매출을 먼저 생각할 때마다 계속 나를 들여다보았다. 고객의 입장에서 생각하고 내 욕심을 비웠다. 차츰 마음이 편안해졌다.

내 평생의 일을 찾다

나는 고객들이 영어에 대해 동기부여를 받고 효과적으로 학습을 할 수 있는 방법을 탐구했다. 어느 날 밤 나는 인터넷 검색 중 한 교육 회사의 홈페이지에서 우연히 코칭이라는 말을 보았다. '코칭? 이건 뭐지?' 나는 직관적으로 코칭이라는 말에 끌렸다. 호기심이 생겨 조금 더 알아보았다. 코칭에서는 내가 고객들에게 이미 해오던 질문을 하고 대화를 나누고 있었다. '어, 이거 내가 하고 있는 대화인데 전문직업으로 있네!' 나는 뛸 듯이 기뻤다.

그 다음 날 나는 그 교육 회사로 달려갔다. 내가 찾던 동기 부여법과 학습법이었다. 내가 고객들과 진행했던 질문과 인정칭찬 그리고 피드백 하기 등이 보다 전문적으로 정교하게 설계되어 있었다. 마침 세계적인 코칭 워크샵이 열린다고 해서 곧바로 신청했다. <Co-active Coaching> 워크샵이었다.

미국에서 온 워크숍 리더들은 참가자들에게 꿈이 무엇인지, 어떤 삶을 살고 싶은지를 물었다. 그 과정에서 리더들이 나를 포함한 참가자들을 신뢰하고 경청하고 지지해주었다. 나는 코칭 대화법을 배웠다. 코칭 실습을 하면서 에너지를 얻었다. 그 에너지는 내가 원하는 삶에 도전할 용기를 주었다. 나는 평생 이런 신뢰, 경청, 응원을 원했다.

교육 수료 후 다음날 아침 기상을 하는데 눈물이 조용히 내 뺨을 타고 내려왔다. 왜냐고 설명할 필요가 없었다. 사랑에 이유가 있는 것일까? 코칭은 내가 가야 할 길이었다. 나는 직관적으로 알았다. 코칭은 사랑에 기반해 사람을 근원적으로 깨우기 위해 만들어진 도구였다.

얼마 후 ICF 국제코치연맹, Int'l Coach Federation 의 Pamela Richarde 회장 Pam 이 방한했다. ICF는 전세계 80개국 이상의 코치들에게 자격을 인증하고 권익을 대변하는 세계 최대 규모의 전문코치협회이다. Pam 회장은 코칭을 확산하기 위해 전세계를 다녔고 이번에 한국코치협회 www.kcoach.or.kr 의 초대로 방한했다. 그녀는 ICF에서 최고 수준의 MCC Master Certified Coach 인증코치로 코치들을 코칭하는 마스터 코치였다.

Pam 회장은 한국 코치들 앞에서 코칭 시연을 할 예정이었다. 협회에서 내게 영어로 코칭을 받는 고객 역할을 요청했다. 나는 별 생각 없이 흔쾌히 수락했다. Pam 회장은 외모도, 복장도, 미소도 편안했다. 내가 미국 캘리포니아 거리에서 그녀를 보았다면 그저 평범한 50대 후반의 아주머니라고 생각했을 것이다.

150명의 한국 코치들이 행사장을 가득 채웠다. 코치들은 세계적 수준의 코칭을 보고 싶었다. 데모 코칭이 시작되었다. 나는 그녀에게 '절에서 200일 기도를 하면서 내 존재 목적을 알게 되었다. '사랑'이었다. 나로 인해 사람들이 행복해졌으면 좋겠다. 최근 로칭을 만났다. 나는 코칭이 내가 가야 할 길이라고 생각한다. 하지만 구체적으로 무엇을 어떻게 해야 하는지 모르겠다.'고 말했다.

Pam 회장은 미소를 지으며 가만히 내 얘기를 들었다. 그녀가 경청할수록 나는 내가 한없이 편안하고 안전한 공간 속에 있다는 느낌이 들었다. 10분쯤 지나면서 내 내면에서 에너지가 차올랐다. 그와 함께 내 이야기도 술술 나왔다. Pam 회장은 별 말 없이 '아, 그렇군요.', '어머 그랬어요?', '아휴, 힘들었겠다.' 등 추임새를 넣으며 공감했다. 그녀의 말투, 표정에서 진정성이 느껴지며 위안이 되고 힘을 얻었다. 내가 고심하는 바를 얘기하는 순간 그녀가 말했다.

"You do not trust yourself, Sharon."

그녀의 부드러운 목소리가 내 몸 전체에 울려 퍼졌다. 나를 직면시키는 메시지였다. 순간 내 앞에 있던 150명이 내 인식에서 사라졌다. 내 앞의 Pam 코치마저 사라졌다. 나는 고요와 하나가 되었다. 어디에선가 그녀의 소리가 들렸다. '샤론은 열정을 펼치고 싶은데 지금 혼란스럽고 두렵군요. 나는 당신을 믿어요. 당신이 자신을 믿는다면 당신의 삶은 어떻게 될까요?'

내가 오늘 처음 만난 코치가 언어를 넘어 존재 자체로 나를 믿고 지지하고 있었다. 이제껏 부모님과 주위 사람들은 내가 꿈을 이야기할 때 나에게 그렇게 순진해서 어떻게 하겠느냐며 걱정하고 현실을 보라고 야단치고 내가 무엇을 고쳐야 하는지 말해주었다. 그럴 때마다 나는 그들의 우려 속에 담긴 사랑을 보지 못하고 마음이 위축되거나 반발을 했다. 그들이 나를 이해하지 못하는 것처럼 느꼈기 때문에 나는 언젠가부터 그들과 내고민을 상의하는 대신 나 혼자 결정을 내렸다.

Pam 코치는 나를 판단하지 않고 내 얘기를 경청하고 공감하며 질문하고 메시지를 주었다. 그 과정에서 나는 내 감정과 생각에 직면했다. 나는 위로를 받았고 이내 마음이 편해졌다. 내 안에 뭉쳐있던 무언가 풀려나가며 어떤 힘이 솟아났다. 그 순간 나는 평생 내가 어떤 사람으로 무엇을 하며 살 것인가에 대한 답을 얻었다. 내가 되고 싶은 미래가 바로 내 앞에 있었다. '그래, 나는 Pam처럼 될래.' 그렇게 나는 전문 코치가 되었다.

코칭으로 나를 찾다

Pam 회장이 한국을 떠난 후 나는 그녀에게 감사선물을 보냈다. 그녀에게 회신이 왔다. "샤론이 보낸 선물이 내 생일에 도착했어요!" 나는 그녀와의 인연이 운명인 듯 느껴졌다. 나는 Pam 회장에게 코칭을 받기로 결정했다. Pam 코치는 내게 꿈을 물었다. 삶에서 무엇을 원하는지, 일에서 무엇을 원하는지, 어떻게 살고 싶은지 묻고 경청했다. 나는 코치와 함께 이제껏 가보지 않았던 내면 세계로 들어가 나의 답을 찾고 외부로 끌어냈다. 나는 전 세계를 다니며 영어로 코칭하고 책을 쓰고 사람들을 만나고 봉사하고 싶었다. 나는 그 꿈을 생각하면 신 나고 설레었다.

동시에 내가 그 꿈을 이룰 수 있을까 하는 두려움도 있었다. 코치와 나는 그 두려움 속으로 파고 들어갔다. 두렵다는 것은 내가 하고 싶은 것이 있고 그것을 잘 하고 싶다는 마음이었다. 꿈이 없으면 두려울 것도 없었다. 해결책은 간단했다. 내가 왜 두려운지를 알고 한 번 더 준비를 하면 된다. 나는 꿈을 이루기 위해 꾸준히 코칭과 영어를 공부하기로 했다.

준비가 쌓여갈수록 내 꿈에 가까워지는 것이 느껴졌고 꿈을 이룰 수 있겠다는 자신감도 생겼다. 또한 나는 코칭 덕분에 내 안의 많은 것들을 수용하게 되었다. 어린 시절의 열등감과 소외감 그리고 외로움을 만났다. 나는 내 다양한 감정들을 만났고 내 강점들을 활용해 삶의 주제들을 풀어나갔다. 갈수록 삶이 더 즐거워졌고 유쾌해졌다. 나는 이웃과 세상에 감사했다.

코칭에서는 고객이 주인공이다. 동시에 고객은 코치의 존재나 코칭 색깔에 영향을 받는다. Pam 코치는 미국인이지만 동양 정신에도 관심이 많았고 명상과 타이치 태극권 도 해왔다. 그녀는 권위의식에서 자유롭고 동시에 든든하고 따뜻했다. 10년 가까이 나는 그녀를 통해 세계적 코칭 역량을 체험하며 삶과 죽음, 비즈니스와 커리어, 사랑과 우정에서 과거를 성찰하고 미래를 설계했다. 그녀의 자유롭고 순수한 영혼 덕분에 나도 더 자유롭고 유쾌해졌다.

코칭은 내 삶에 깊이와 색깔을 더 했다. 내 가치관을 바탕으로 사랑, 지혜, 자유로 살아갈 때 나는 살아있었다. 그 가치들은 내 내면의 운전사였다. 그 가치들에 기반해 나만의 라이프스타일을 만들어 나갔다. 한국코치협회는 '코칭은 개인과 조직이 잠재력을 극대화하여 최상의 가치를 실현할 수 있도록 돕는 수평적 파트너십'이라고 코칭을 정의한다. 나는 코칭을 하고 코칭을 받으면서 이 정의를 실감했다. 코칭을 받으면서 내 강점이 창의성과 유연성, 책임감 그리고 끈기라는 것을 알게 되었다. 내 창의성도 계속 깨어났다. 나는 코칭 세션마다 '조금 전까지만 해도 막막했는데 어떻게 이런 생각을 해냈지?'하며 자원들을 발견하고 답을 찾아갔다. 그 사안을 가장 많이 고심한 사람은 자신이기에 해당 사안의 전문가도 자신이었다.

사람들의 언행에는 선한 의도가 있었다. 그 이해를 바탕으로 나의 가족들을 이해하게 되었다. 부모님이 나를 야단치실 때 그 말에 상처받거나 상심하기보다는 그 밑에 깔린 '윤경이가 잘 되기를 바라는' 의도를 읽게 되었다. 내가 부모님께 화를 내는 빈도수도 차츰 줄었다. 더불어 내 안에 인정 욕구를 인정하니 다른 사람들의 인정 욕구도 수용할수 있게 되었다. 내가 주변 사람들을 진심으로 인정하니 그 사람들도 나를 인정하고 응원했다. 현재 감정과 내 모습을 있는 그대로 수용하면 자연스레 객관적으로 바라볼 힘과 여유가 생긴다. 항상 내 자신을 부족하다 생각했었는데 코칭을 통해 나의 탁월성과 개선점을 동시에 인정하게 되었다.

답을 인식하는 것이 끝은 아니었다. 실행 과정을 거쳐야 진짜 답이 나왔다. 어떤 아이디어들은 실행해보니 실제 효과가 없거나 현실과 간극이 있었다. 이런 성공과 시행착오를 통해 나는 내게 맞는 삶을 찾아나갔다. 자연스레 내 셀프 코칭 역량도 커져 스스로 질문하고 해답을 찾아나갔다.

코칭이란 무엇인가?

코칭에 대한 나의 관심은 갈수록 깊어졌다. 나는 본격적으로 코칭에 대해 연구하기 시작했다. 1,500년 대 헝가리 도시 '코치 kocs'에서 말이 끄는 마차를 처음 만들었다. 사람들은 그 마차를 코치라고 불렀다. 요즘의 택시다. 1840년대 영국에서는 학생이 원하는 시험결과를 내도록 도와주는 개인교사로 의미가 확대되었다. 이후 1880년대는 스포츠 분야에서 선수가 원하는 결과를 내도록 도와주는 사람을 의미하게 되었으며, 점차 '고객을 현재 상태에서 목표 상태에 이르도록 함께 하는 개인화된 서비스'로 발전했다.

내 코치는 인종, 나이, 성별을 떠나 나를 존재 대 존재로 바라보았다. Pam 코치는 내가 자신보다 어리다고 충고하거나 가르치려 하지 않았다. 그녀는 '모든 사람에게는 무한한 가능성이 있으며 해답은 우리 안에 있고 그 해답을 찾는 과정에서 상대가 필요하다'는 코칭 철학에 100% 입각하여 나를 코칭했다. 무한한 가능성은 모든 사람에게 불성(佛性)이 있다는 불교의 가르침과 같은 맥락이었다. 누구든 상대로부터 이런 코칭 철학을 기반으로 응원과 지지를 받는다면 자신을 믿고 용기를 내어 자신이 원하는 삶을 위해 도전하고 그 삶을 실현할 수 있다는 것을 내 실제 경험으로 알았다.

해답은 우리 안에 있고 상대가 필요하다는 말은 내게 줄탁동시(啐啄同時)를 의미했다. 알 속의 새끼가 알 껍질을 톡톡 쪼면 이것이 '줄'이고, 이 소리에 어미 닭이 그 부위를 밖에서 탁탁 쪼아주면 이것이 '탁'이다. 이 '줄과 탁'이 동시에 이루어져 새로운 생명이 태어난다. 나의 화두가 코칭 대화를 통해 무르익으면 어느 순간 나다운 답이 나왔다. 코치도, 코칭도 핵심은 코칭 철학이다. 철학을 실제 삶에서 살아낼 때 존재감도 커졌다. 내가 경험한 코칭은 인간의 존재 이유, 즉 '나는 누구인가? 어떻게 살 것인가? 어떻게 죽을 것인가?'라는 인문학적 질문들이었고 그 답을 일상에서 살아가는 것이었다.

코칭 정의와 철학 그리고 존재감에 기반하면 코칭 언어가 자연스레 나왔다. 이 토대 위에 코칭 스킬- 인정하기, 경청하기, 질문하기, 피드백 등—을 기둥으로 하여 코칭 대화가 가능했다. 불교에서 간화선이나 마인드풀니스가 수행 방법인 것처럼 내게는 코칭 또한 불성 <u>잠재력, 무한한 가능성</u> 을 깨우는 수행 방법으로 다가왔다. 서로 접근 방법이나 전달 방식이 다를 뿐이었다. 코칭은 말로 하는 명상이었고 명상은 침묵으로 하는 코칭이었다. 이런 체험과 인식이 깊어가면서 코칭으로 '나는 누구인가?'에 대한 궁극의 깨달음도, 그 깨달음을 기반으로 삶의 현장에서 뿌리를 내리고 살며 나누는 것도 가능하겠다는 확신이 점점 커졌다.

나는 내 본연의 모습을 찾고 원하는 삶을 깊이 탐색하며 계획을 실행해나갔다. 이 과정을 통해 더 행복한 관계, 더 성공적인 일을 만들어갔다. 시간이 갈수록 나는 내 무한한 능력을 깨달았다. 자연스레 자기 신뢰도 계속 커졌다. 나는 모든 사람들이 코칭 철학에 기반해 상대를 대하고 코칭을 통해 무한한 가능성 <u>내안의 신성</u> 을 깨우는 세상을 꿈꾸게 되었다. Pam 코치는 내게 새로운 지평을 보여준 멘토이자 삶과 일의 역할 모델이 되었다. 나는 나 자신에 대해서도 뿌듯하고 감사했다. 영어 덕분에 그녀를 만날 수 있었고 마음 수행에 나를 던졌기에 코칭에 대해 이러한 인식이 가능했다. 나는 직관적으로 내 삶의 다음 문이 열렸다는 것을 알았다. 나는 그 문을 통과하고 새로운 세상을 만났다.

트루 셀프 코칭(True Self Coaching)을 개발하다

코칭은 내가 영어를 바라보던 시각도 바꾸었다. 예전에 나는 원어민처럼 영어를 하겠다는 목표만 쳐다보며 나 자신을 몰아붙였다. 한때 그 압박이 너무 강해 영어를 아예 포기하려던 적도 있었다. 이제 영어는 내게 목적이 아니라 내 글로벌 꿈을 이루어주는 수단이 되었다. 영어 덕분에 외국인 친구들을 만나고 글로벌 꿈도 이루어갔다. 과정 중에 내 영어도 계속 늘었다. 사람들은 내 영어 실력을 확실히 인정했다. 나는 '영어 코치'라는 정체성으로 나를 소개했다.

어떤 교육 세미나에서 한 의대 교수 P를 만났다. 그녀는 내게 영어 코칭을 신청했다. P 교수는 외국 학회에서 발표도 하고 영어 논문도 쓰고 싶어했다. 그녀는 지난 10년 간 영어 학원과 온라인 과정을 수강해보고 영어학습법 책도 읽었지만 여러 번 흐지부지되었다고 했다.

P 교수는 학습법을 몰라 영어를 못하는 게 아닌 전형적인 사례였다. 나는 이번 기회에 전문 라이프 코칭과 영어 학습을 융합하고 싶었다. 영어 코칭 프로그램 개발을 주제로 Pam 코치와 코칭 대화를 했다. 코치는 내게 여러 질문을 했다.

질문 1. 10년 후 전세계를 다니며 코칭을 전파하는 샤론은 구체적으로 어떤 모습인가요?
질문 2. 이번 고객과 3개월 코칭 계약이 성공적이라는 것은 무엇을 보면 알 수 있을까요?
질문 3. 10년 후의 매스터 코치 샤론은 지금의 샤론에게 어떤 노하우 2개를 나누어 줄까요?

나는 Pam 코치의 질문들에 답했다. Pam 코치가 호기심을 가지고 내 이야기를 잘 들어주니 나는 대화에 점점 몰입했다. 서로 교감하며 긍정 에너지를 나누니 아이디어가 술술 나왔다. 10년 후 나는 전세계를 다니며 사랑과 평화를 전파하는 매스터 코치였다. 이어 나는 3개월 후 P 교수를 성공적으로 코칭한 내 모습을 생생하게 그렸다. 그녀와 내가 함께 식사를 하며 환하게 웃고 소감을 나누는 모습이었다. 이 과정에서 나는 실제 코칭을 끝낸 듯 성취감을 느꼈다. 그 느낌과 모습을 내 가슴 속에 담았다. 내가 코칭을 진행할 방향성이 보였다. 대화 시작 30분 후 나는 P 교수와의 3개월 코칭 설계를 끝냈다. 주 1회 진행하는 코칭 대화에서 다룰 주제들도 선택했다. Bob Pike 박사의 <창의적 교수법> 중 활동을 골랐다. 나는 내 자신에게 계속 물었던 질문을 영어 코칭의 핵심 질문으로 삼았다.

"영어에 아무런 제약이 없다면 10년 후 당신은 어디서 누구와 무엇을 하겠습니까?"
'P 교수는 이 질문에 무엇이라고 답할까?' 나는 호기심이 생겼다. 언제나처럼 내 꿈 이야기도, 다른 사람의 꿈 이야기도 나를 흥분시켰다. 나는 태생적으로 코치였다.

우리가 콘텐츠다

나는 P 교수를 만나 첫 세션을 진행했다. P 교수는 내 코칭 질문에 답하면서 미래를 설계했다. 그녀는 10년 후 여러 나라를 다니며 국가 프로젝트를 진행하고 그 프로젝트 결과물을 영어로 발표하는 모습을 그렸다. 그녀는 이 10년 목표에 맞추어 3년 중기 목표를 그렸다. 이후 이 모습을 이루기 위해 3개월 목표도 수립했다. 그녀는 3개월 후로 예정된 국제 학회에서 성공적인 영어 발표를 하는 것을 단기 목표로 삼았다. 그 목표에는 삶, 전문성, 본인이 구축할 네트워크 그리고 영어 자기주도학습시스템이 포함되었다.

"3개월 후 성공한 모습을 구체적으로 그려보세요.", "무엇 3가지를 보면 성공했다는 것을 알 수 있습니까?", "그때 기분이 어떨까요? 그것은 어떤 의미입니까?", "그 모습에 이르는 3가지 성공 요소는 무엇일까요?"로 시작해서 "다음 번 우리가 만날 때까지 작지만 의미 있는 무엇을 구체적으로 해보시겠어요?", "그것을 하기 위해 필요한 자원은 무엇입니까?", "장애는 무엇일까요? 어떻게 대처하시겠습니까?", "실행을 하고 어떻게 축하하시겠어요?", "누구에게 알리시겠습니까?" 등의 마무리 질문까지 차근차근 대화를 해나갔다.

P 교수는 코칭 목표를 체계적으로 달성하기 위해 구체적인 실행 계획을 만들었다. 그녀는 내 코칭 질문을 통해 자신이 원하는 바를 찾고 나의 추가 정보와 제안에 기반해 자신의 상황에 맞는 영어학습 시스템과 프로세스를 설계했다. 그녀는 3개월 목표에 맞는 영어와 콘텐츠를 준비했다. 그 학회에서 만날 사람들과 그 중 특히 집중할 사람들의 목록을 만들고 그들과 나눌 대화도 미리 생각했다. 한국과 자기의 전문 분야를 소개할 공식 버전과 비공식 버전을 따로 준비했다. P 교수는 리허설을 할 때마다 자가 평가를 했다. 그녀는 자신이 잘한 점과 개선할 점을 찾으면서 자신이 되고 싶은 모습과 강점을 알아갔다. 나는 때와 장소에 맞는 지속적 인정과 건설적 피드백을 통해 그녀를 독려했다.

처음 약속한 3개월이 지났다. P 교수는 본인이 설계한 대로 성공적인 발표와 네트워킹을 했다. 마지막 코칭 세션에서 그녀와 나는 직접 만든 건강식 샌드위치를 먹으며 지난 3개월을 성찰하고 상호 피드백을 나누었다. 어느덧 P 교수는 내가 코칭에서 사용했던 코칭 스킬들-경청과 인정하기 그리고 질문하기-을 가족들과 대화할 때도 사용하고 있었다. 그녀는 코칭 덕분에 영어 자신감이 커진 것도 좋았지만 가족들과 관계가 돈독해져서 더 좋았다며 활짝 웃었다.

이런 P 교수를 보면서 나는 행복했다. 아울러 전문코치로서 내 자부심과 자신감도 올라갔다. 이렇게 Pam 코치 덕분에, 그리고 P 교수 덕분에 나의 트루 셀프 코칭 첫 버전이 완성되었다. 아니, 우리가 함께 만든 '우리의 트루 셀프 코칭'이라고 하는 것이 더 맞겠다. "영어에 아무런 제약이 없다면 10년 후 당신은 어디서 누구와 무엇을 하시겠습니까?" 나는 이 코칭 질문을 통해 나 스스로 먼저 최고의 모습을 깨웠다. 고객들 또한 명상과 코칭 그리고 영어 실력 향상을 통해 글로벌 꿈을 더 생생하게 만들어갔다.

트루 셀프 코칭은 지금도 진화한다

코칭을 할수록 코칭이 나의 천직이라고 느꼈다. 코칭은 내 잠재력을 계속 깨웠으며 코칭 대화법이 내게 맞았다. 나는 평생 코칭을 하면서 살고 싶었다. 시장에 진입하기 위해 끊임없이 고심했다. 이러한 내 삶의 여정을 블로그 www.flowerofkorea.com 에 써나갔다.

3년쯤 지나자 계속 코칭 요청이 들어왔다. 나는 각각의 고객에게 맞추어 코칭을 진행했다. 코칭을 시작한지 3년이 되면서 임원 리더십 코칭에 입문했다. 나의 주요 고객은 국내외 코칭 회사들이 되었다. 그들의 파트너 코치로서 나는 대기업 부서장급 중간관리자들을 코칭했다. 좋은 평가가 이어지면서 중소기업 CEO와 대기업 임원으로 코칭 대상이 넓어졌다.

다시 3년이 되니, 어느덧 나의 주요 고객은 코칭 회사들이 아닌 내 트루 셀프 코칭을 원하는 기업체들로 변했다. 나는 기업체 리더들과 일하면서 그들의 열정과 고민에 공감했다. 리더들이 조직과 사회에 끼치는 영향력은 지대하다. 한국에서뿐만 아니라 세계 도처에서 리더십으로 많은 사람들이 행복해지거나 반대로 고통을 받았다.

내게 리더들을 코칭한다는 것은 그 조직의 임직원들과 그들의 가족들을 위해 그리고 사회를 위해 일한다는 의미였다. 나는 한국의 리더들이 글로벌 경쟁력을 갖추고 글로벌 무대로 진출할 수 있는 잠재력을 충분히 갖추고 있다고 보았다. 나는 트루 셀프 코칭을 통해 한국과 전 세계의 리더들이 함께 어울려 멋진 리더십을 펼치기를 희망했다. 글로벌 기업과 대기업 리더들만을 전문으로 하는 코치로서의 전문성과 내 자신의 리더십 역량을 개발하기 위해 많은 돈과 시간 그리고 열정을 쏟아 부었다. 동시에 나 또한 글로벌 마인드와 역량을 훈련하면서 해외 진출을 준비했다.

지속적으로 트루 셀프 코칭을 업그레이드해나가면서 기존 영어 커뮤니케이션 위주의 트루 셀프 코칭에 명상과 코칭 역량을 포함시켰다. 내가 하는 코칭 프로그램은 명상 – 코칭 역량 – 영어/이문화 커뮤니케이션의 융합이었다.

리더들은 명상을 통해 바람직한 리더상뿐만 아니라 자연인으로서의 자신의 진정한 모습도 찾아나갔다. 이 과정에서 그들에게 평점심이 생기고 일에 몰입하는 힘이 차올랐고 상대에 대한 진정한 관심도 커졌다. 마음의 여유와 공감 능력을 키워가면서 사람들과의 관계가 더 좋아졌으며 코칭 역량을 강화해 직원들의 잠재력을 깨웠다.

영어 커뮤니케이션 역량도 달라졌다. 리더들은 그간 자신의 영어에 대해 솔직히 피드백을 해주는 사람을 만날 기회가 많지 않았고 자신의 영어 실력을 평가 받는 것을 부끄럽거나 쑥스럽게 느꼈다. 나는 리더들이 영어를 하기 전에 그들이 가진 다른 강점들을 부각시켰다. 리더들은 성공 경험을 이야기하면서 자부심과 자신감을 회복했고 그 힘으로 영어를 할 수 있는 용기를 얻었다.

리더들의 글로벌 커리어도 현실화했다. 글로벌 회사의 한국 지사 임원들은 코칭을 통해 본사 진출 또는 아태 지역 지사에 진출했다. 대기업 임원들의 경우 해외 시장 개척과 글로벌 인재 양성, 조직의 글로벌 체질 키우기에 집중했다. 이 과정에서 그들은 내면의 성장에 기반해 외부의 성공을 연결시켰다. 리더들은 그 과정과 결과를 통해 뿌듯함을 느꼈다. 그 모습을 보면서 나 또한 행복했다.

지속적으로 글로벌 무대에 진출하는 임원들을 코칭하면서 3년쯤 지나자 나는 여성 리더십이라는 새로운 흐름에 주목하게 되었다. 그간 임원들은 남성, 여성을 가리지 않고 총괄적으로 '리더십 코칭'이라는 이름의 코칭이 진행되었다. 그러나 여성 리더들의 숫자가 늘면서 여성에게 특화된 프로그램이 필요했다. 여성은 존재 차원에서, 리더라는 측면에서는 남성과 같지만 동시에 자신이 처한 상황이나 역할이 다르기 때문에 여성 리더에게 맞는 코칭이 필요하다.

많은 여성 리더들이 트루 셀프 코칭을 통해 자신의 리더십과 자유로운 글로벌 커뮤니케이션에 눈을 뜨고 깨어나기 시작했다. 이는 그들에게 충만한 삶과 성공적인 일을 함께 잘 해나갈 수 있는 든든한 토대가 되었다. 2018년 1월, 나는 중국에 있는 다양한 국적의 여성 리더들을 코칭하면서 트루 셀프 코칭이 한국을 넘어 세계 무대에서도 유효하다는 것을 눈으로 확인했다.

내 인생길이 나만의 코칭을 만들었다

내 삶 자체가 코칭 콘텐츠였다. 코치의 존재는 리더들에게 긍정적 또는 부정적 영향을 미칠 수 있다.

나는 나 스스로를 키우고 단련하는 자기 개발을 위해 항상 수입의 반 이상을 투자해 왔다. 실제 내가 참여해 무언가를 배울 때 내가 무엇을 잘 하고 무엇을 원하는지 알게 된다. 나는 분기 별로 한 분야를 선택해서 배웠다. 요리, 아로마 테라피, 피아노, SNS, 카메라, 댄스, 요가, 오토바이 동호회 등 각종 활동과 수업으로 내 지평도 확장되지만 삶에 활력이 생겼다. 이 중 어떤 것들은 내 삶의 일부가 되었고 또 다른 것들은 내 삶에서 사라졌다. 그 중 내 관심을 끄는 분야는 가르쳤다.

가르치는 것은 해당 분야에 전문성을 키워준다. 명상이 그 한 예이다. 나는 지난 15년 넘게 명상을 통해 나 자신과 소통해왔다. 나는 내 마음을 들여다보면서 하고 싶은 것들과 고민들을 만났다. 사람이나 일에 집착할 때도 내 마음을 들여다 보았다. 이러한 과정을 통해 감정과 생각에서 자유로워지며 대신 기쁨과 평정심이 생겼다. 이어 사람들에게 화두와 마음챙김 Mindfulness 을 통해 자신의 생각과 감정 그리고 몸의 인식들을 알아차리도록 도왔다.

시간이 갈수록 내가 끝까지 하고 싶은 것이 무엇인지 명확해졌다. 나는 내 삶이 더 풍요로워짐을 느꼈다. 노윤경 안에 있는 여러 꽃씨들에 물을 주는 것 같았다. 나는 결실도 좋지만 성장 과정 자체가 소중했다. 코칭은 사람들과의 관계에서도 효과적이었다. 가족과의 관계, 특히 어머니의 삶을 이해하게 된 것이 고맙다.

어린 시절, 내가 둘째 딸이라고 차별한다며 어머니를 원망했다. 하지만 어머니는 시대의 더 큰 피해자였다. 어머니는 6학년 때 반장을 하며 공부도 잘했지만 주변에서 '여자는 공부가 필요 없다'하여 중학교 진학을 하지 않았다. 이것이 평생 배움에 대한 한이 되었고 어머니는 자녀들 교육에 최선을 다하셨다. 이런 인식을 얻은 후 나는 어머니에 대한 감사함으로 일상을 살게 되었다.

나는 못생겼다는 열등감도 많았다. 그러던 어느 날 나는 한 여성 창업가가 자신의 꿈 이야기를 하며 눈이 반짝거리고 목소리가 커지는 것을 보며 깨달았다. '아, 나도 꿈을 이야기할 때 저렇게 빛나겠구나. 저렇게 아름답겠구나.' 내가 찾던 아름다움은 내 얼굴이 조각 같아 다른 사람들이 나를 예쁘다고 인정하는 것이 아니었다. 나다운 것을 찾아 키우고 세상과 나눌 때 내가 아름답게 느껴졌다. 아름다움에 대한 내 평생의 열등감에서 자유로워지는 순간이었다.

무여 스님의 마음 또한 알게 되었다. 제자 안에 불성이 있고 그 불성을 깨울 때 스승은 때로는 엄하게, 때로는 자비롭게 다가가야 했다. 제자가 방황하고 쓰러질 때조차 때로는 믿고 기다리는 것이 스승의 역할이었다. 내가 넘어질 때마다 스승께서 달려와 일으켜주셨더라면 오늘날 내가 가능했을까? 3년 전 내가 암 수술을 받고 이 사실을 말씀 드렸을 때 스님은 내게 불같이 화를 내셨다. 그 마음 밑에 제자를 잃을까 얼마나 놀라고 걱정이 되셨는지 또한 함께 이야기를 해주셨다.

부모님과 스승들의 사랑을 느끼며 나의 길을 가는 순간순간이 소중하다. 어린 시절 수 많은 고민과 불안함을 가지고 살던 내가 이렇게 감사 속에 살아가는 모습을 보는 것 자체가 행복이다. 오늘도 나는 나 자신에게 묻는다.

'아무런 제약이 없다면 나는 어디서 누구와 무엇을 할까?'

수천 시간 코칭을 하면서 나는 삶과 일에는 성공의 원칙이 있다는 것을 알게 되었다. 바로 '트루 셀프 코칭 7가지 성공 원칙'이다. 이는 행복한 삶과 성공적인 일을 위한 기본이자 토대이다. 이어지는 2장에서는 이 7가지 성공 원칙에 대한 이야기를 나누고자 한다.

― 제 2 장 ―

트루 셀프 코칭
7가지 성공 원칙

성공 원칙 1. [Self-awareness] 나를 인식하고 발견한다
성공 원칙 2. [Insight] 시간과 공간을 통찰한다
성공 원칙 3. [Presence] '지금 여기'에 존재한다
성공 원칙 4. [Design] 리더십과 영어 커뮤니케이션을 설계한다
성공 원칙 5. [System] 자기주도 시스템을 구축한다
성공 원칙 6. [People] 인적 후원환경을 구축한다
성공 원칙 7. [Process] 영어를 액션러닝 한다

제 2 장 | 성공 원칙 1

Self - awareness
나를 인식하고 발견한다

리더들의 성과는 크게 두 가지로 대별된다.
1. 재무적 성과 : 탁월한 경영을 통한 재무 목표 달성
2. 인재 양성 : 조직과 구성원들의 잠재력 극대화

리더는 장단기적으로 이 두가지 성과에 도전한다. 리더십이란 한 개인이나 조직이 공동의 목표를 달성하기 위해 개인, 팀 또는 전체 조직을 이끄는 리더 스킬, 역량 그리고 철학이다. 리더십의 유형에 따라 조직의 일하는 방식, 의사결정구조, 조직문화가 달라지며 이것이 탁월한 성과의 기반이 된다.

트루 셀프 코칭은 한 개인이 탁월한 리더로 성장하도록 지원하는 리더십 성장 프로그램이다. 리더들이 진정한 자신의 모습을 찾고 이 모습에 기반한 리더십 True Self Leadership 을 통해 세상과 커뮤니케이션 True Self Communication 하며 글로벌 세상에서 언어를 기반으로, 언어를 넘어 True Self English 진정한 리더 True Self Leaders 로 잠재력을 발현할 수 있도록 돕는다. 2장에서 다룰 7가지 성공 원칙은 트루 셀프 코칭의 토대이자 시스템이기도 하다.

지난 25년 이상 나 스스로가 리더로 성장하면서 체험하고 기업체 임직원들을 코칭한 경험을 바탕으로 리더의 길잡이 역할을 하려고 한다. 트루 셀프 코칭의 7가지 원칙은 '성과에 기반한 충만한 삶'을 원하는 모든 리더와 조직을 위한 지침으로, 이번 장에서는 이 7가지 원칙이 무엇인지 설명하고 코칭 현장에서 실제 사용되는 도구와 서식도 일부 소개하고자 한다. 더불어 각 원칙 마무리 단계에는 사례를 통해 어떻게 삶과 일에서 적용하는지 구체적인 가이드를 제시한다.

이번 책에서는 특히 여성 리더들에게 초점을 맞추었는데, 그 이유는 첫째, 여성 리더의 가능성과 기회가 커지고, 여성의 잠재력이 깨어나고 있기 때문이다. '연대와 소통'이 중요한 시대에 디지털 기술의 발달로 커뮤니케이션 방식이 다양해지고 있으며, 베이비부머, X 세대, 밀레니얼 세대 등 세대 간 차이가 극명해지고 사람과 정보의 범위가 글로벌 차원으로 확산되고 있는 상황이다. 변화 적응력이 뛰어난 여성 리더들의 역할이 강조되고 있으며, 전반적인 사회 의식이 높아지면서 양성 평등이 화두가 되어 여성에게 많은 기회가 있을 것으로 예상된다. 대기업 임원진 구성에 있어서도 여성인력 중용 바람이 불고 있다.

둘째, 여성 리더에게 주어진 제약 요건과 선입견으로 코칭이 절실히 필요하기 때문이다. 특히 워킹맘의 경우 가사나 육아로 인해 여러 변수가 발생하며 리더로서 알아야 할 정보나 활용할 수 있는 자원도 제한적이다. 이처럼 제약과 도전이 많은 환경에서 자신에게 맞는, 자신이 원하는 삶을 산다는 것은 고도의 전략과 기술을 요한다.

이렇게 여성들은 폭발적으로 늘어나는 기회를 맞이하고 있고, 그럼에도 불구하고 여전히 많은 제약을 안고 있다. 트루 셀프 코칭은 여성 리더들의 기회와 가능성을 극대화하고 제약을 뛰어넘어 각자의 고유한 리더십으로 자신과 조직의 무한 잠재력을 발현할 수 있도록 리더 개개인의 성향과 처한 상황에 따라 효과적인 맞춤식으로 설계하고 다음과 같은 7가지 성공 원칙에 따라 코칭을 진행한다.

[7가지 성공 원칙]

> 성공 원칙 1. Self-awareness : 나를 인식하고 발견한다
> 성공 원칙 2. Insight : 시간과 공간을 통찰한다
> 성공 원칙 3. Presence : '지금 여기'에 존재한다
> 성공 원칙 4. Design : 리더십과 영어 커뮤니케이션을 설계한다
> 성공 원칙 5. System : 자기주도 시스템을 구축한다
> 성공 원칙 6. People : 인적 후원환경을 구축한다
> 성공 원칙 7. Process : 영어를 액션러닝 한다

트루 셀프 코칭은 리더에게 이렇게 묻는 것으로 시작한다. 리더가 자신이 최고의 잠재력을 발현한, Best Self 최고의모습 를 꿈꾸게 하는 것이다. 많은 경우, 우리는 우리가 믿는대로 된다. 현재의 상황이나 모습을 먼저 보면 시야가 제한된다. 못하고 안 될 이유가 너무 많기 때문이다. 혁신은 커녕, 변화를 꿈꾸지 못한다. 꿈을 꾸더라도 실행 없이 곧 잊혀진다.

리더는 이 질문을 시작으로 코치의 안내에 따라 잠재력이 온전히 발현된 모습을 지금 자신의 눈앞에서 보는 것처럼 선명한 이미지로 떠올린다. 보면 강력해진다. 눈 앞에서 보는 듯한 선명한 이미지는 생생한 느낌을 불러일으킨다. 행복하다. 그 행복감은 상당 시간 지속될 수 있다. 느낌은 생각보다 강하고 오래가기 때문이다. 느낌은 몸에 남는다. 이 느낌이 리더로 하여금 코칭 후 실행하게 만든다. 꿈을 현실로 만드는 것은 실행이다. 실행을 할수록 꿈이 현실화되고 현실화될수록 느낌은 강해진다. 이는 계속 실행하겠다는 자발적 의지로 연결된다. 리더는 소설 '큰 바위 얼굴'처럼 자신의 꿈을 닮아간다. 선순환이다.

꿈을 현실화하는 과정 내내 내면의 행복감에 초점을 맞추는 것이 중요하다. 목표를 성취해서 행복하다고 느낄 수도 있지만, 행복의 정서를 생생하게 느낄 때 눈에 보이는 목표도 성취된다. 깊은 내면적 목표인 행복과 업무의 성과, 경제적 성공, 건강 명예, 원만한 인간관계와 같이 눈에 보이는 목표를 연동시켜 진정한 성공을 느끼게 한다.

하버드대 엘런 랭어 교수는 〈시계 거꾸로 돌리기〉 실험에서 70~80대 노인들이 과거로 돌아가 살게 하는 실험을 했다. EBS 통찰 시리즈, 마음챙김의 지혜 편 <관련 링크 | www.youtube.com/watch?v=NWmgvzwz5Hc> 실험 후 신체검사에서 노인들은 시력도, 체력도 모두 향상되었다. 그 결과 마음의 시계를 거꾸로 돌리면 육체의 시계까지 돌릴 수 있다는 것을 입증했다. 우리를 틀에 가두는 것은 한계가 있다고 믿는 사고방식이다. 자신의 가장 큰 방해꾼은 바로 자기자신이다. 우리는 자신의 한계를 넘어설 수 있다. 또한 랭어 교수는 미국 남성들이 자신이 공군 파일럿이라는 가정 하에 시력 검사를 하는 실험도 진행했다. 실험 대상자들은 글자를 더 선명하게 보았다. 이 실험은 자신이 최고의 모습이라고 믿는대로 살면 더 좋은 성과를 낼 수 있다는 가능성을 시사했다.

저자는 13살 때 ABC를 처음 만나며 전세계를 다니는 꿈을 꾸었다. 가진 것도 없었고 방법도 몰랐다. 하지만 꿈은 생생했고 지난 37년 동안 그 꿈을 위해 꾸준히 실행했다. 영어도, 일도 변화는 느렸고 많은 시행 착오를 거쳤지만 어느덧 꿈은 현실이 되었다.

사실 꿈은 크든, 작든 원인과 조건이 맞으면 실현된다. 불교에서는 이를 연기법 緣起法 이라고 한다. 원인과 결과의 법칙, 줄여서 인과법 因果法 또는 인연법 因緣法 이라고도 한다. 꿈이 크면 이루는데 더 많은 자원, 시간, 돈, 열정, 사람 등이 필요할 뿐이다.

우리가 자신의 Best Self에 대해 가지고 있는 생각은 자기 인식 상태를 보여준다. 현재의 자기 인식은 상당 기간 지속적으로 경험한 자기 자신이다. 사람은 태어나고 자라면서 자신의 외형, 정서적 표현, 생활 양식, 언어 그리고 관계를 통해 자신의 정체성을 형성한다. 정체성은 한 주체로 존재한다는 인식에서 시작된다. 일반적으로 부모로부터 시작해 다른 사람들과 관계를 맺으며 성장하고 변화 발전한다. 따라서 과거의 나와 현재의 나 그리고 그 연결고리가 나의 미래와 어떤 연관을 갖는지, 어떤 나로 살고자 하는지에 대한 모습이기도 하다.

정체성은 과일 나무의 뿌리와도 같다. 보이지 않는 정체성이 겉으로 보이는 정체성을 만든다. 정체성에는 겉으로는 잘 드러나지 않는 한 개인의 과거 경험, 철학과 사상, 미션, 핵심 가치, 삶의 기준 등 내면적 정체성이 겉으로 드러나는 재능과 스킬, 전문성, 강점, 행동 패턴, 집, 일, 생활 방식, 친구 등 외형적 정체성으로 발현된다. 지금과 다른 결실을 원한다면 과일 자체에 변화를 줄 것이 아니라 다른 씨앗을 뿌려야 한다. 즉, 우리가 삶의 변화를 원한다면 내면적 정체성을 바꾸어야 한다.

즉, 우리가 자신에 대해 어떤 시각과 자세를 갖느냐에 따라 최고의 모습과 행동이 달라진다. 특히, 리더의 경우 자신을 어떻게 보느냐에 따라 자신의 리더상이 달라진다. 리더상에 따라 의사 결정이 달라지고 리더의 의사 결정은 조직의 성패로 이어진다.

따라서, 트루 셀프 코칭은 리더십에서 자기 인식을 가장 중요한 요소이자 시작점으로 삼는다. '리더로서 나는 누구인가?'에 대한 정체성, 즉 자신에 대한 이미지, 개념, 생각, 가치, 재능, 열정의 대상, 자아 존중감과 자아 효능감 등의 총체이다.

개인의 성격 특성을 진단하기 위해 (1)Life record ^{생애 기록 정보}, (2)Observer data ^{관찰자 정보, 직접 관찰}, (3)Self-report data ^{자기 진술, 질문지 응답} 등의 방법을 사용한다. DiSC와 같은 행동유형 분석이나 또는 리더 성격 특성, 동기 요인, 신념과 고정 관념, 강점과 위험요소 등 각종 리더 진단과 당사자와 주요 이해관계자 인터뷰를 통한 심화 진단 등 방법은 다양하다.

가치관에 따라 행동과 선택이 달라지기에 가치를 '내면의 운전사'라고도 한다. 동기는 사람을 움직이고 행동 방향을 정하고 행동을 유지시킨다. 회사에서 주요 동기 요인으로는 성취, 인정, 힘, 몰입, 돈, 안정, 성장, 흥미, 자율, 승진, 지위, 경쟁, 실패에 대한 두려움 등이 있다.

일반적으로 남성과 여성은 선천적/후천적 차이가 있다. 여성은 섬세하고 개인적으로 배려하며 관계 지향적이고 감성 커뮤니케이션을 잘 하는 편이다. 이에 반해, 큰 그림이나 미래를 보는 통찰력, 비즈니스 전략 그리고 조직 관리와 정치외교적 네트워킹에 상대적으로 약하다. 조직을 관리하는 것과 구성원 개개인을 변화시키는 것이 맞물려 돌아갈 때 조직의 현안을 근원적으로 해결할 수 있다. 개인이 조직을 바꾸는 동시에 조직이 개인을 바꾸기 때문이다.

이렇게 수집된 진단과 기타 평가 정보들을 통해 리더는 자신을 보다 객관적으로 인식한다. 자기 인식에서 열린 마음과 깊은 성찰이 중요하다. 진단은 참고 사항일 뿐 맹신할 것도, 저항할 것도 없다. 내가 원하는 변화성장에 필요한 바를 선택해 실행에 옮긴다.

또 하나의 고려 대상이 바로 자신을 제한하는 신념이나 부정적 감정을 아는 것이다. 이는 리더들이 리더십 트랙을 이탈하게 만드는 리더십/경력 이탈 Derailment 이라 불리는 극단적 부정적 행동 양식으로 나타난다. 지나친 야망, 타인 불신, 의존성, 미세 관리 Micro manage 등이 여기에 포함된다. 하버드 의대 출신의 디팩 초프라 Deepak Chopra 박사는 1년 안에 우리의 신체 세포 중 98%가 죽고 새 것으로 교체된다고 한다. 육체는 매 순간 변하고 있다. 그런데도 사람들은 의식적, 무의식적으로 자기를 제한하는 생각으로 살아간다. '나는 건강이 안 좋아.', '나는 원래 이래.', '그 직원을 보면 화가 나.' '영어는 해도 안 돼.'라는 생각으로 스스로를 가둔다. 특히, 과거의 부정적인 생각이나 감정은 제약 신념을 만든다.

우리는 삶도, 자기 인식도 변화시킬 수 있다. 자영업을 하는 N사장은 어린 시절 몸이 허약했다. 그녀의 어머니 소원은 '얘는 살기만 해도 좋겠다'였다. N사장은 그 말에 가슴이 아팠다. 다음 날부터 그녀는 어머니를 생각하며 매일 아침 뒷산에 올랐다. 차츰 등산에 재미가 붙었고 10년이 넘어가면서 사람들은 그녀가 날듯이 산을 탄다며 그녀를 '쌕쌕이'라고 부르기 시작했다. 이제 그녀는 자신이 건강 체질이라고 믿는다. 이렇게 꾸준한 실행은 자기 인식을 바꿀 수 있다.

자기 인식에는 내면부터 외형까지 여러 차원이 있다. 간화선 수행과 마음챙김 Mindfulness 등은 깊게 들어가면 차원이 다른 참나, 본연의 모습을 만나게 되는데, 이 책에서 간단히 다루기에는 여러 한계가 있어 생략한다.

코칭은 인식과 실행이라는 두 가지 핵심 요소로 이루어져 있다. 코칭 대화를 통해 객관적으로 자기를 인식하고 체계적인 실행계획을 수립해 목표를 이룰 수 있다. 자기 인식이 일어나면 실행이 따르고 실행을 하면서 더 많은 인식이 일어나는 선순환을 이루게 되는데, 구조는 다음과 같다.

첫째, Best Self를 통한 인식과 실행이다. 면담 질문지 등을 활용해 자신의 최고 모습을 실감나게 떠올린 후 일상을 그 모습으로 살면 더 탁월한 성과를 낼 수 있다. 많은 운동 선수들이 마인드 컨트롤을 하는 이유이다.

둘째, 명상과 코칭 그리고 몸 관리를 통한 Best Self 상태 관리이다. 코칭은 대화로, 명상은 침묵으로 그리고 몸 관리는 몸으로 나를 통찰하고 정화하는 좋은 도구이다. 제약신념과 부정적 감정도 해소하고 정화시킬 수 있다. 제약신념이나 부정적 감정은 볼록렌즈로 나를 보는 것과 같다. 나를 제대로 인식할 수 없다.

리더를 위한 성공 원칙 1 적용 사례

B 전무는 S 그룹의 A 사 사업본부장이다. 다른 그룹사에서 A사로 전보한 지 100일이 지나는 시점이었다. A 사는 세계 도처에 주요 고객과 벤더들이 있다. 그는 A사의 분위기를 파악하고 사업 방향성을 잡으며 직원, 고객들과 관계를 형성하는 중이었다.

A 사의 해외 고객들은 세계적인 기술과 글로벌 경쟁력을 가진 인재들을 보유하고 있었다. B 전무는 고객사의 조직문화를 벤치마킹해서 A 사를 초일류 조직으로 만들고자 했다. 자신이 먼저 글로벌 마인드를 기반으로 한 리더십으로 체질 개선을 하고자 했다. 영어도 넘어야 할 산이었다. 해외 법인에서 2년간 근무를 했지만 내부 운영을 담당했기에 영어를 쓸 일은 많지 않았다.

코칭은 리더의 조직 연착륙 soft landing, 전문 용어로 onboarding이라고 함 을 돕는다. 코치는 B전무의 코칭 니즈/원츠 파악에 들어갔다. 실제 면담에서는 아래 면담지를 기반으로 하여 더 심도 깊은 질문들로 이어진다

---

❶ 입사 때 회사에 대한 첫 인상은 어떠했습니까? 어떠한 기대를 가지셨나요?
❷ 이제껏 일에서 뿌듯했던 순간은 언제였는지요?
❸ 전무님의 어떤 강점 덕분에 그 성취가 가능했나요?
❹ A사의 최고 전성기는 언제였는지요? 무엇 덕분에 가능했나요?
❺ 향후 회사의 최고 전성기는 어떤 모습일까요?
❻ 현재 회사의 현황은 어떻습니까? 어떤 기회와 도전이 있는지요?
❼ 아무런 제약이 없다면 미래 전무님의 최고 전성기는 어떤 모습일까요? (who & what)
❽ 그 모습이 실제 이루어졌다면, 어떤 3가지 성공 요소 덕분일까요?
❾ 그 모습이 되기 위해, 지금부터 3년 후에 전무님은 어떤 모습이 되어 있어야 할까요?
❿ 그 3년 후의 모습이 되기 위해 1년 코칭 후 어떤 결과를 얻고 싶으세요?
⓫ 이렇게 답을 하시면서 새롭게 들었던 인식이나 소감은 무엇인지요?
⓬ 2주 후 다시 만날 때까지 작지만 의미 있는 실행 하나를 해보신다면 무엇일까요?
⓭ (코치의 과정과 과제 안내 후 인정하기로 마무리)

이 중 7번 질문이 핵심이다. 1~6번 질문은 핵심 질문에 이르기 위한 사전 warm-up 단계이며 세 가지 목적이 있다. 첫째, 고객에게 에너지와 편안함을 주어 코치-고객 간 라포를 형성하고 둘째, 고객에게 커리어 전반을 성찰하며 코칭 대화에 몰입하게 하며, 셋째, 고객과 코치 모두가 코칭을 위한 핵심 정보를 보다 깊게 인식하고 공유한다. 특히, 5번 질문으로 회사의 미래 비전을 재점검 후 7번 질문에서 회사의 비전에 연계한 리더 개인의 비전을 이끄는 것이 관건이다.

면담을 하는 과정에서 B 전무의 강점이 드러났다. 그는 권위 의식이 없는 열린 마음과 유연성 그리고 창의성과 도전 정신을 지녔다. 그는 초고속으로 변화하는 비즈니스 환경에서 기민하게 움직이고 끊임 없이 도전하는 것만이 경쟁력이라고 믿었다. B 전무는 그룹의 2030 비전으로 선택과 집중을 통해 '핵심 4개 그룹사별로 고유하고 독보적인 One & Only 분야에서 글로벌 시장을 리드하는' 모습을 그렸다.

이를 위해 A사는 세계를 선도하는 고객사들에게 최고의 기술과 글로벌 경쟁력이 있는 인재 양성을 가능하게 하는 조직문화를 배워 조직에 도입하고 그룹 내 '초일류 조직문화의 표준'이 되는 것을 목표로 했다. B 전무 자신은 이 초일류 조직문화 표준을 구축하고 전파하는 전도사가 되기로 했다. 영어에 'You have to see it to be it.-범을 봐야 범을 잡지.'라는 말이 있다. B 전무는 초대형 고객사 중 한 곳인 D 사 E 부회장을 떠올렸다. E 부회장은 해외 비즈니스 총책임자로 직원들과 전세계를 다니며 새로운 비즈니스를 발굴하고 동행직원들에게 노하우를 전달하고 코칭하는 역할을 했다. B 전무는 70대에도 '전세계를 다니며 해외 비즈니스를 총괄'하고자 했다. 그에게는 '내가 로열 패밀리도 아닌데 그게 어떻게 가능해? 한 치 앞도 모르는 임원의 삶, 내년에 안 잘리면 다행이지.'하는 제약신념이 없었다.

8번 질문은 2030비전을 이루기 위한 3가지 성공 요소로 장기적으로 집중할 주요 과제였다. B 전무는 글로벌 마인드를 포함한 글로벌 리더십, 파트너십에 기반한 초일류 조직문화 그리고 영어 커뮤니케이션이라고 답했다. 이때 파트너십이란 상사-부하 간 존재는 평등하되 직급과 역할만 다른 것이라는 인식이다. 앞으로는 명령과 통제를 기반으로 하는 리더십은 설 자리를 잃을 것이다. 구성원들은 각자 상호 정체성과 강점을 활용해 협업하고 잠재력을 발현해 성과를 내는 그림을 성공의 증거로 설정했다. 코칭 커뮤니케이션은 파트너십을 보여주는 대표적인 소통 문화이다.

9번과 10번 질문은 각각 중기 비전 그리고 단기 코칭 목표이다. 첫 대면은 마중물의 역할을 한다. 최종 중기 비전과 코칭 목표는 차후 코칭 세션에서 보다 구체적인 대화를 통해서 도출된다. 11~13번은 동기부여를 하며 대화를 정리하는 단계이다. 11번 질문은 생각을 정리하며 인식을 확장하고 12번, 구체적 실행 계획을 수립하면서 마음을 다지며 13번은 코치의 향후 진행 방향 제시와 인정하기를 통해 리더의 장기 비전이 체계적인 접근 방법을 통해 현실화될 수 있다는 것을 믿고 그에 대한 의지를 공고히 하려는 의도이다.

종합하면 전체 면담 질문들은 자연스럽게 리더의 마음을 열고 과거의 성공 경험과 조직의 미래 비전에 기반해 리더의 미래를 깨우도록 설계되어 있다. 이 미래의 모습을 꿈꾸며 중단기 목표를 수립하고 실행계획을 통해 체계화된 대화를 해나간다. 동시에 전 과정이 미래의 모습을 깨우고 현재로 가져와 확장시키고 내재화하는 것에 주목적을 둔다.

독자를 위한 실용 가이드

명상은 자신을 인식하고 최고의 모습을 만날 수 있는 좋은 방법이다. 이제는 종교 차원을 떠나 일상생활에서 마음을 훈련하고 자신과 소통하는 수단이기도 하다. 명상을 통해 부정적 감정과 생각을 온전히 알아차리면 사라진다. 회복 탄력성, 협업 능력, 문제해결 능력에도 뛰어난 효과를 보이는 좋은 리더십 훈련법이기도 하다. 운동처럼 명상에도 여러 방법이 있다. 초보자를 위해 우선 1분 멈춤을 권한다. 이 멈춤을 통해 숨을 돌리고 성찰하고 여유를 찾을 수 있다. 여기 저자가 계발한 명상 모델 BAP Breathing – Awareness – Presence 을 소개한다. 우리가 몸을 위해 밥을 먹듯이 영혼을 위한 밥이라는 의미를 담아 'BAP 밥'이라 이름 지었다. 우리 나라의 따뜻한 정서를 담은 '밥은 먹고 다니니?'이다. 일상의 BAP을 통해 모든 이들이 영혼이 풍요롭고 마음이 여유로워지기를 기원한다.

실습 1) BAP 명상(1분)

예비 단계
'척추를 바로 세우고 편안한 자세로 앉습니다. 눈을 감고 손은 다리에 올려놓고 손바닥은 천정으로 향합니다. 코로 천천히 숨을 들이마시고 입으로 '후-'하고 2~3차례 깊게 내쉽니다.

1 - Breathing(심호흡)
이제 코로 천천히 숨을 들이마시고 코로 천천히 숨을 내쉽니다. (20초)
2 - Awareness(알아차림)
배를 알아차립니다. 들숨에 배가 나오고 날숨에 배가 들어갑니다.
(감정과 생각이 떠오르면 그것을 알아차린 후 다시 호흡에 집중합니다. 30초)
3 - Presence(존재감, 존재하기)
호흡만 살짝 의식한 상태에서 그대로 존재합니다. (10초간 침묵 후 조용히 눈을 뜹니다.)

호흡 안에 잔잔한 행복이 있다. 매일 1분 BAP이 우리들을 보다 편안하고 자연스러운 상태로 만들어주고 든든한 기반이 된다. 1분 BAP에 이어 이번에는 'Best Self 명상'을 소개한다. 첫 코칭 세션에서 최고의 모습을 생생하게 떠올린 후, 추가 코칭 세션부터 그 최고의 모습을 떠올리는 명상법이다.

> Best Self 명상법 - 심화편(2분, 예비 단계와 마무리까지 총 3분)
>
> 예비 단계
> '척추를 바로 세우고 편안한 자세로 앉습니다. 눈을 감고 손은 다리에 올려놓고 손바닥은 천정으로 향합니다. 코로 천천히 숨을 들이마시고 입으로 '후-'하고 2-3차례 깊게 내쉽니다. (30초)
> 1 - Breathing(심호흡)
> 이제 코로 숨을 들이마시고 코로 천천히 내쉽니다. 내쉴 때마다 발바닥이 바닥에 닿고 있는 것을 느껴봅니다. 숨이 내려 가면서 보다 편안해집니다. (30초)
> 2 - Awareness(알아차림)
> 처음 Best Self를 만났을 때 느꼈던 그 감정을 불러옵니다. 숨을 들이마실 때 그 느낌을 함께 들이마십니다. 그 에너지를 나의 심장에 천천히 채웁니다. (30초)
> 3 - Presence(존재감)
> 이제 내쉬는 숨에 집중합니다. 내쉴 때마다 그 느낌을 내 심장에서 손 끝으로 보냅니다. (10초) 이제 그 느낌을 심장에서 발 끝으로 보냅니다. (10초) 이제 온 몸으로 보냅니다. (10초) 이제 고요히 그 느낌을 느껴봅니다. (30초)
>
> (마무리: 이제 곧 셋을 셀 텐데요. 각 숫자마다 안내가 있습니다. 셋, 코로 숨을 들이마시고 내쉽니다. 둘, 3분 전보다 내 몸과 마음이 얼마나 가뿐한지를 느껴주십시오. 셋, 내면으로 향했던 의식을 외부로 돌립니다. 이제 천천히 눈을 뜨셔도 좋습니다. 30초)

리더가 지금 여기에 몰입하면 직관이 발달하며 경청을 통해 상대에게 일체감을 준다. 이를 통해 의사 결정력과 소통력이 향상되고 관계 향상과 장단기 성과에 영향을 준다. 통찰과 정화를 통해 본연의 나를 찾고 자신의 잠재력을 더 믿게 되고 잠재력을 깨운 최고의 모습을 만난다. 만남과 실행의 선순환이 일어나며, 인식하고 실행한 만큼 잠재력은 더 깨어난다. 아래 2가지는 자신의 Best Self를 안정적으로 유지할 수 있는 실행법이다.

TIP - 1

매일 아침 기상 직후 1분 BAP 명상과 3분 스트레칭을 한다. 바쁜 날은 출근 길 1분 BAP을 하고 그 자리에서 스트레칭을 한다. 매일 1분 화장실 거울을 보며 그 이미지를 떠올리고 자신을 향해 미소와 함께 '화이팅, 응원해!'를 외쳐도 좋다.

TIP - 2

과학적 연구와 경험적 지식에 기반한 명상 앱들을 활용한다. 우선 무진 어소시엇츠 (http://www.mujinassociates.com/ 김병전 대표/ 전 김앤장 법률사무소 HR 컨설팅 부문 대표)의 <마음챙김> 앱이다. 20여 명의 국내 명상 전문가들이 350여 개의 콘텐츠를 직접 개발하고 녹음한 국내 No.1 명상앱이다. 대표 자신이 깊은 명상 체험을 기반으로 앱을 설계하였기에 신뢰성이 높다. 다양한 고품격 예술작품들을 반영하여 보는 것만으로도 마음이 열린다. 한국내면검색연구소(https://www.siylikorea.org/ 유정은 대표)가 개발한 '마보 - 마음보기' 명상 앱도 좋다. 담백하고 편안한 분위기와 진행이 마음을 안정시킨다. 이 둘 모두는 명상을 특정 종교가 아닌, 일반인의 행복 증진을 위한 도구로 접근한다. 이들 앱은 기분이나 상황에 따라 다른 명상법을 선택할 수 있고 스트레스 감소와 갈등 해소 그리고 행복 증진 효과를 누릴 수 있다.

제 2 장 | 성공 원칙 2

Insight
시간과 공간을 통찰한다

원칙 1 '자기 발견과 인식'이 나의 고유한 정체성에 대한 것이라면, **원칙 2**는 '시대와 공간 의식'에 관한 것이다. 우리는 예측불허 상황에 끊임없이 노출되고 있다. 물질문명의 급성장은 탐욕과 부정부패, 빈부 갈등과 물질 만능주의를 파생시켰다. 많은 국가들이 이미 인공 지능 AI, IoT Internet of Things, 빅 데이터, 모바일 등 첨단 정보통신기술을 경제·사회 전반에 융합하고 있으며, 조직 간 그리고 조직 내 경쟁은 더 치열해지고 있다. 저성장, 장기불황, 기술변화 등으로 인해 직원 수가 감소하지만, 창의적 상품에 대한 니즈는 증가한다.

세계와 사람에 대한 통찰력을 가진 리더들이 혁신적 조직을 만들어 사회에 큰 파장을 불러일으켰다. 벤치마킹으로 경쟁자를 따라잡는 것이 아니라, 새롭고 유일한 것을 창조해서 세상을 선도하는 방식이다. 구글이나 페이스북이 좋은 사례이다. 앞으로도 선구자들이 이 회사들을 뛰어넘는 혁신 기업들을 계속 탄생시킬 것이다. 방심하면 도태될 수 있는 양극화 시대이다. 오늘의 대형 시장이 내일 사라질 수 있다.

인류는 그간 디지털 기술을 혁신시킨 것처럼 생활방식도, 감정 처리나 소통법도, 일 처리도 계속 발전시켰다. 같은 7시간이라도 숙면과 선잠이 다르다. 요즘은 인간 이해에 기반한 삶의 고급 기술들이 넘쳐난다. 대중화 된 명상과 코칭 대화 등이 좋은 예이다. 우리가 시대를 만들고 시대가 우리를 만든다. 우리는 시간과 공간에 따른 드러나는 현상과 변화의 패턴을 꿰뚫어야 맥락을 파악할 수 있다. 세상과 인간에 대한 철학과 통찰력은 삶의 지혜이자 필수 경영 전략이다. AI 로봇이 인간의 많은 역할을 대신한다면 인간은 어떤 진정한 가치를 가지는 것일까? 인간에 대한 깊은 이해가 없다면 인간이 소외될 수 있다. 새로운 패러다임과 구조로 사회와 조직을 재편해야 한다.

국내의 경우도 상황이 크게 다르지 않다. 지난 60~70년 간 우리나라는 빠른 경제 성장으로 세대 간 격차가 커졌다. 생존 욕구를 넘어서면 통상 사람들은 자신이 원하는 가치대로 자신을 표현하며 자신이 원하는 삶을 살고자 한다. 지난 100년 간의 빠른 경제 성장으로 세대별 주요 가치가 극명하게 달라졌다.

50, 60대 베이비 부머는 집단을 위해 개인을 희생하는 정서로 생존을 위해 살았다. 경제의 고속 성장으로 인해 취직과 승진 차원에서 기회가 많았다. 40대 X세대는 경제적 안정을 기반으로 생존을 넘어 자신을 표출하고자 했다. 이런 개인주의 성향은 집단을 위해 자신을 희생한 부모세대와 많은 갈등을 빚기도 했다. 20~30대 밀레니얼 세대는 스스로가 선택한 주요 가치 위주로 살고자 한다. 이들은 고학력과 화려한 스펙에도 불구하고 국가 경제 성장률이 현저히 떨어진 가운데 과다 경쟁과 취직난으로 고전하고 있다. 이처럼 서로 다른 세대 간 현격한 차이와 저마다의 난관에 부딪혀 상호 이해 부족으로 갈등이 커지고 있다.

하지만 모든 것이 차면 기울고 기울면 찬다. 도전은 응전을 낳는다. 갈등이 고조되면 그만큼 갈등을 해소하고자 하는 시도가 따른다. 다른 세대끼리 서로를 이해하고 갈등을 풀려는 노력 또한 계속되고 있다. 많은 글로벌 기업들이 바라보는 한국 직원들은 목표 달성, 고성과, 업무지식과 기술, 고객 응대, 강도 높은 근무, 국내 네트워킹 등은 강점인 반면, 개방성, 유연성, 주도력, 혁신, 인재 양성, 글로벌 네트워크, 영어 커뮤니케이션, 이문화 소통, 다양성 수용 등은 취약하다. 리더 개인 차원에서도 많은 국내 리더들이 자신의 글로벌 커리어를 개발하는 데는 소극적이다. 한국 노동시장의 현 모습을 보았을 때 이는 리더 자신의 커리어 선택지가 제한적이라는 의미이다.

이렇게 된 데는 영어가 주요 원인 중 하나이다. 5년 후면 더 많은 교포들과 외국인 임원들이 한국에서 일하게 된다. 한국인 리더로서는 해외 교포들과 외국인 임원들이 효과적으로 소통해야하는 동료이자 선의의 경쟁자인데, 우리는 너무 준비가 안 되어 있다.

25년 간 포브스 기자로 활동한 세계적 미래학자 패트리셔 애버딘 Patricia Aburdene 은, 존 나이스비츠와 함께 7가지 메가트렌드를 소개했다. 1. 영성의 발견, 2. 새로운 자본주의의 탄생, 3. 중간계층의 부상 실행하는 중간관리자들 등, 4. 영혼이 있는 기업의 승리, 5. 가치를 추구하는 소비자, 6. 메가트렌드를 이끄는 테크닉, 7. 사회책임투자의 시대 깨어있는 자본가들의 부상 이다.

이 메가트렌드에서 볼 수 있듯이 의식 성장에 따른 영성이 해법이다. 『제3의 물결』의 저자 앨빈 토플러 박사는 21세기를 제5의 물결인 '영성의 시대'라고 예견했다. 음양의 법칙에 의한 균형과 조화가 필요하다. 물질문명이 발전한 속도만큼 영적 성장이 함께 해야 한다. 코비 박사는 '내면의 소리'를 개인의 독특하고 의미 있는 공헌이라고 정의했다. 자신이 잘 하는 것 재능 과 좋아하는 것 열정 이 자신과 세상이 필요로 하는 것 니즈 과 만나면 그것은 상대와 나 자신 모두에게 행복을 줄 수 있다.

삶의 수많은 갈등과 문제는 우리가 부정적인 생각과 감정을 떨쳐버리지 못해서 발생한다. 다른 회사로 옮겨도 업무도, 사람도 같은 패턴의 유사한 문제를 만난다. 내 마음이 바뀌지 않으면 문제도 바뀌지 않기 때문이다. 이러한 부정적 인식을 해소하고 자신에 대한 고정관념을 깨는 것이 영적 성장이다. 이때 '참나는 누구인가?', '우리는 누구인가?' 에 대한 답이 달라지고, 우리의 삶과 일도 함께 달라진다.

명상은 이러한 영적 성장 요구에 발맞추어 떠오르고 있는 분야이다. 2003년 타임지 표지에 명상이 대대적으로 소개되었다. 서구에서는 '마음챙김 과학'이 종교가 아닌 심신의 건강과 안녕에 집중하는 웰니스 산업이다. 명상은 자신을 멈추고 통찰하는 데 효과적이다. 세상이 내게 빠르게 움직일 것을 요구하면 기민하게 대응하되, 그에 비례해서 내 안에 멈추는 힘도 길러야 한다.

내면의 힘이 있어야 거대한 세상의 흐름에 휩쓸리지 않고 자신만의 리듬과 조화를 찾는다. 내가 삶의 주인이 되는 방법이다. 이 시대가 리더들에게 요구하는 주요 역량이 멈춤과 성찰이다. 명상을 하면 평정심이 생기는데 이 평정심이 '지금 여기'에 충실하게 한다. 이 의식 상태에 이르면 존재에 대한 따뜻한 마음이 일상화 된다. 업무 집중도도 오르고, 몰입으로 이어진다.

몰입하는 조직은 장단기적으로 고성과를 낸다. 사소한 실수가 줄고 마음에 여유가 생기면서 갈등도 해소된다. 리더가 '지금 여기'에 몰입하면 직원들에게 집중하고 경청하게 된다. 이는 관계에도 긍정적 영향을 미친다. 직원들의 몰입도가 높고 관계가 향상될수록 회사의 성과 창출 수준과 구성원의 삶의 질도 높아진다. 애플, 구글, 맥킨지와 도이치 뱅크 등에서도 임직원들에게 적극적으로 명상을 가르친다. 많은 리더들이 건강과 스트레스 해소, 감정 조절, 집중력 강화, 자기 성찰 등을 위해 명상을 시작했으며, 명상을 통해 업무효율 저하의 주범인 스트레스를 실제 해소하고 있다.

애플사의 스티브 잡스 또한 명상을 통해 많은 성공과 혁신을 이루었다. 평소 꾸준한 명상과 수련을 통해 직관력을 길렀고 이는 경영상 의사결정의 밑바탕이 되었다. 그는 애플사에 복귀하면서 임원 모두가 명상을 할 것을 요구 조건으로 걸었다. 하버드대, 스탠퍼드대, 옥스퍼드대, 독일 막스플랑크 연구소 등 세계 유수의 대학과 연구소에서 명상의 과학적 접근과 연구를 활발히 진행하고 있다.

우리나라에서도 삼성, LG, 효성, 신한은행, 강남성모병원 등에서 명상이 빠르게 확산되고 있다. 삼성의 경우 영덕에 1,000억 원 규모의 명상 센터를 지난 2017년 7월 초 오픈 해 직원 휴식 공간 및 미래산업 개발을 진행하고 있다.

카이스트 ※KAIST 도 재단법인 플라톤 아카데미 측과 '명상과학연구소'를 설립했다. 명상을 과학적으로 접근해 4차 산업혁명 시대를 이끌 공감형의 창의적 인재를 양성하는 일에 기여할 뿐 아니라 인공지능, 뇌 인지과학 융합연구 분야에서 활발한 연구가 일어날 것이다. 이밖에도 현대인들을 위로하고 행복을 찾을 수 있도록 돕는 '하트 스마일 명상 ※Heart Smile Training' 등 힐링과 창조성 프로그램들도 함께 구성될 것으로 보인다.

트루 셀프 코칭은 이런 시대적 요구에 발맞춘 리더십 솔루션을 제공한다. 기업체 임원들에게 요구되는 리더상을 한 마디로 말하면 '글로벌 시대의 코치형 CEO'이다. 이는 1. 사상과 철학: 글로벌 마인드를 세계관으로, 코칭 철학을 인간관으로 하여, 2. 커뮤니케이션: 리더와 조직원의 파트너가 되어 코칭 커뮤니케이션으로 잠재력을 깨워 탁월한 성과를 내는, 3. 리더십: 초일류 조직 문화를 구축하는 리더라는 의미이다.

여기서 글로벌 마인드란 시공간을 뛰어넘어 인간과 세상을 하나의 유기체로 보고 그 안에서 서로 다른 문화를 이해, 수용, 선도하는 시각과 자세이다. 우리가 머리, 손 등 다양한 기관을 가지고 조화롭게 하나의 몸을 이루어 살아가듯이, 하나라는 관점에서 전체를 보되 서로 다름을 인정하고 그에 맞게 경영하는 것이다. 이 글로벌 마인드에 기반해야 균형 잡힌 시각으로 올바르게 세상과 조직을 바라볼 수 있다.

코칭 철학은 '모든 사람에게는 무한한 가능성이 있으며 해답은 우리 안에 있고 그 해답을 찾는 과정에서 상대가 필요하다는 파트너십'을 믿는 것이다. 이 3가지 철학이 함께 할 때 나와 상대의 최대 잠재력을 깨울 수 있고 성과와 행복을 함께 나누는 조직 문화가 구축될 수 있다. 한 마디로 하면 코칭 리더십으로 조직원들의 셀프 리더십을 고양하고 조직 내 모든 구성원들이 동등하되 역할만 다를 뿐이라는 파트너십에 기반하여 일하는 시스템과 프로세스 _{즉, 조직문화} 를 만드는 것이다.

또한 앞으로의 세상은 태생적으로 공감력이 높고 관계 지향적인 여성 리더들이 코치형 리더로서 활약하게 될 것이다. 특히, 지금껏 잠재력을 충분히 발휘할 기회가 많지 않았던 아시아 여성들이 내재된 잠재력을 발현한다면 조직과 세계에 지대한 영향을 미칠 것이다.

여성은 특히 전환기 – 예를 들어, 결혼과 가사일, 출산과 양육, 승진, 이직, 퇴임과 세컨드 커리어, 질병과 노화, 이혼, 배우자 사별 등 삶의 주요 사건들– 의 상황에 따라 내면 그리고 외형의 삶이 크게 영향을 받는다. 이런 시기에 주변과 갈등이 생긴다고 스트레스를 받을 것이 아니라 상사나 동료, 가족들과 지속적으로 커뮤니케이션을 하고 협력을 모색해야 한다. 특히 40~50대 여성 임원들은 체력 약화, 갱년기, 업무 과다와 실적 압박, 자녀 교육과 입시, 부모의 질환과 사망 등으로 심리적, 체력적으로 가장 지칠 수 있는 때이다.

특히 신임 임원의 경우 멈춤과 주변 의견 경청이 중요하다. 정체성이나 업무, 회사와의 관계, 신분 보장 등 여러 차원에서 커다란 변화가 일어난다. 임원이 되고 처음 1~2년 내로 많은 시행 착오를 범하고 실패도 한다. 빠른 시일 내에 주변의 인정을 받겠다는 성급함이 올라오거나, 그간 해보지 못했던 것을 펼쳐나가겠다는 과욕으로 의사 결정에 오류를 범하기 쉽다. 스트레스는 시야를 좁힌다. 자신과 조직 모두에게 치명적이다.

리더를 위한 성공 원칙 2 적용 사례

다국적 기업 Y 사의 M은 한국 지사의 마케팅 사업 본부를 총괄하는 전무로 최근 승진했다. 40대 초반인 그녀는 한국 지사 내 최연소, 최고위 여성 임원이 되었다. 17년 전 입사 때부터 그녀는 뛰어난 성과를 보여왔으며 추진력과 시장을 보는 통찰력, 합리성을 인정 받아왔다. 한국과 본사 모두 그녀가 향후 한국 지사의 CEO뿐 아니라 아시아와 본사의 중요한 역할을 맡을 것으로 기대했다.

회사도 변화하고 있었다. 미국과 유럽이 큰 시장이나 성장세는 이미 둔화되기 시작했다. 대신 아시아 시장이 두각을 나타내고 있었다. 20~30년 전만 하더라도 Y 사의 임원들은 모두 50대 남성들이었지만, 최근 10년 사이에 30~40대 부서장급은 이미 다수의 여성 리더들이 활약 중이었다. 회사는 여성 리더들의 잠재력과 가능성을 인정했다. 하지만 워킹맘들은 여전히 일과 가정을 병행하는데 고전하고 있었다.

차세대 리더의 면모를 확실히 갖추기 위해 M 전무는 코칭을 시작했다. 그녀는 정체성 차원에서 '모든 것을 품는 바다'를 자신의 상징물로 정했다. 그녀는 뛰어난 성과와 핵심 인재 차원에서 앞으로 한국 지사의 역할이 중요할 것으로 보고 있었다. 자신이 먼저 글로벌 세상으로 나아가 지평을 열고 후배들을 더 넓은 세상으로 안내하며 조직을 품는 존재가 되고자 했다. 더불어 M 전무는 2030년의 장기 비전으로 2030년 아시아 사업 본부장의 모습과 그 모습을 넘어선 이후의 모습도 그렸다. 그녀는 2030 목표를 달성할 3대 성공 요소로 유연성, 혁신 의지, 그리고 꾸준한 실행력을 들었다.

그녀의 자기존재감과 자기효능감은 탄탄했다. 다만, 책임이 늘어나면서 계속 에너지를 충전해야 할 필요를 느꼈다. 먼저 자신에게 에너지를 주는 활동을 나열하고 이를 자신에게 에너지를 주는 순서대로 순위화했다. 반신욕과 글쓰기, 조용한 음악 듣기 순이었다. 평상시 그녀는 말할 때 에너지가 빠지고 글을 쓸 때 에너지를 받았다. 명상을 추가해 자신에게 집중하는 시간을 늘리기로 했다. 명상은 감정과 생각을 정리하는 시간이었다. 그녀는 명상으로 마음이 편안해지면 생각이 명료해지고 이에 따라 의사 결정도 쉬워진다는 것을 이미 알고 있었다.

이어 2020년의 모습 그리고 1년 코칭 프로젝트 후의 목표를 설정했다. 리더십 분야에서는 자신의 리더십 스타일을 정하고 리더로서의 여정을 그렸다 Leadership Journey Map. 실행에 옮기면서 <리더 성장 노트>에 성찰을 적어 나가며 자신의 리더십 스타일을 지속적으로 업그레이드하기로 했다. 그녀의 상황 상 주변에 역할 모델은 없었다. 대신 스스로에게 '나는 날마다 더 성장하고 혁신하고 있는가?'라는 질문을 던지고 이에 답하기로 했다.

커뮤니케이션 차원에서는 3개 그룹에 집중하기로 했다. 우선, 자신과 함께 차세대 리더 육성 프로그램에 참여하고 있는 AP Asia-Pacific 지역의 차세대 리더 그룹의 멤버들이었다. 이들은 M 전무와 함께 글로벌 Y 사를 이끌어나갈 차세대 글로벌 리더 그룹이었다. 이들과 느슨한 연대를 유지하고 정기, 비정기 만남 때 교육 콘텐츠를 체화하고 이에 따른 인사이트를 그룹 멤버들과 적극적으로 공유하고 한국 지사의 마케팅 노하우를 나누기로 했다.

둘째 그룹은 한국 지사의 마케팅 사업 본부 내 4명의 부서장들이었다. 기존에 자신이 해온 코칭 방식을 각각의 부서장 특성에 맞추어 '팀장을 효과적으로 코칭하는 부서장 양성하기'를 목표로 했다. 이를 위해 부서장들과 '팀원들 코칭하기'를 주제로 월례 미팅을 하기로 했다.

조직에서 일어날 수 있는 상황을 20개의 시나리오로 정리해 각 사안별로 어떻게 직원들을 코칭할 것인가를 토론하는 방식이었다. 분기별 부서장 개인 면담을 하면서 커리어 개발 면담을 하고 때로는 비정기 개별 대화 시간을 가질 것도 계획에 넣었다. 가끔은 업무에 몰입할 때 심각해지는 자신을 보완하기 위해 '유쾌하게 진정성을 표현하는 리더'를 주요 과제로 삼고 미팅에 서 부서장에게 고마운 바를 표현하고 가볍게 자기 개방을 하여 부족함을 나누며 진정성을 표현하기로 했다.

셋째 그룹은 자신과의 지속적 내면 대화였다. 전무가 되면서 고객들을 비롯해 많은 사람들이 자신을 보는 시각이 달라지는 것을 느꼈다. 예전에 그녀의 의견에 곧잘 반대 입장을 보이던 임원도 호응하고 동조했다. 반대 의견을 보일 때마다 본인의 생각을 돌이켜보고 재정비를 해왔는데 이제는 자가 점검을 더 많이, 더 자주 해야 함을 느꼈다. 특히, 주변에 반대 의견이 없을 때 그녀는 '내가 정말 옳은가?'하고 되묻기로 했다.

마지막으로 회사 분위기에 집중했다. 본사는 그간 뛰어난 성장세를 보여온 한국 지사에 기대를 많이 했다. 본사는 해마다 매출 목표를 올렸고 한국 지사는 실적 압박으로 평상시에도 예민해 졌으며 연말이 되면 더 심각해졌다. 이런 상황에 능동적으로 대처하기 위해 M 전무는 '직장에서 유쾌상쾌 미소 짓기'를 첫 목표로 했다. 그녀는 회의 때 논의가 가열되면 파안대소할 일을 만들어 회의실 내 긴장감을 풀었다.

때론 가볍고 부담 없는 실행도 좋다. M 전무는 넥플렉스의 <블랙 미러>를 시청한 후의 소감과 미래 사회에 대한 예측도 코치와 대화 소재로 삼기로 했다. 영어도 공부하고 시대의 흐름을 파악하며 인간과 기술에 대한 미래를 생각해보는 일거양득의 전략이었다. 성공도 습관이다. 한 가지씩 실행을 하면서 습관화에도 속도를 내기로 했다.

독자를 위한 실용 가이드

"아무런 제약이 없다면 어디서 누구와 무엇을 하시겠습니까?"

트루 셀프 코칭의 시작 질문이다. 이 질문을 통해 자신을 계속 점검해보자. 단순할 수 있는 이 질문을 통해 지난 10년간 국내외 많은 여성들이 깨어났다. '내가 조직에 매어있는 몸이라 안 돼', '이래서, 저래서 제약이 있어.'가 아닌, '아, 이런 상황을 기회로 보겠어. 덕분에 난 이런 것을, 저런 것을 할 수 있게 될 거야.' 하는 리더들이 자신의 꿈을 이루었다.

말은 에너지를 가지고 사람들은 생각한 대로, 말하는 대로 된다. 꿈은 이루어진다고 말하는 사람이 있고 꿈은 '허황되다'고 하는 사람이 있다. 우리가 어떤 답을 선택하든 그 답은 우리 자신에게 맞다. 그 답이 무엇이든, 우리들은 그 답대로 되기 때문이다. "아무런 제약이 없다면~?"의 질문에 대해 내면의 제약이나 저항을 들여다보는 것 자체가 성장할 수 있는 좋은 기회이다. 자신에 대해 어떤 시각을 가지는지, 어떤 가능성을 믿고 또는 어떤 제약을 자신에게 가하는지를 알 수 있다.

저자를 포함해서 많은 여성들이 잠재력을 인정받지 못하거나 기회가 주어지지 않는 환경에서 태어나고 자랐다. 이로 인해 스스로도 자신의 잠재력을 하향 평가하고 낮은 자존감과 취약한 자기효능감으로 살아왔다. 또는 자신을 인정하지 않는 환경과 현실에 분노하거나 오히려 그 반대로 현실에 안주하는 경우가 많았다. 이에 따라 조직에 있는 한국의 여성 리더들이 자신의 무한 잠재력을 믿고 깨운 사례가 아직까지는 많지 않다.

다행히 지난 30~40년에 걸쳐 선구적인 여성 리더들이 나타났고 사회 전반에도 여성에 대한 긍정적 인식이 일어나고 있다. 이를 계기로 여성 리더들을 적극적으로 육성하자는 목소리가 커지고 있다. 여성의 잠재력은 아직 캐지 않은 금광과도 같다. 조직으로서도, 여성 자신으로서도 기회이다. 이는 곧 조직 전체로서는 새로운 잠재력을 깨우는 기반이 되고 더 나아가 내가 속한 기업의 경쟁력이 된다. 이 일을 해낸 여성 리더들에게도 많은 기회와 보상이 있을 것이다. 시대와 생애전환기에 만나는 도전들에 지혜롭게 대처하기 위해 여성 동료들과 정기 모임을 할 것을 적극 권장한다. 교감과 나눔은 특히 여성들의 강점이자 든든한 힘의 원천이 된다.

자연계에서 성장이란 자연스러운 것이다. 모든 생물은 때로는 환경에 적응하고, 때로는 환경을 이겨내며 변화 성장한다. 코칭은 우리가 진정한 자신의 모습을 찾고 원하는 모습이 되기 위해 때론 환경에 적응하고 때론 이겨내도록 돕는다. 꿈을 위해 실행을 하면서 우리는 변화 성장한다. 이러한 변화는 자신이 무엇인가를 더 할 수 있다는 믿음을 준다.

어려운 도전일수록 더 많이 성장한다. 힘이 들어야 힘이 생기기 때문이다. 근육을 만들기 위해 덤벨 아령 을 드는 훈련을 하는 것과 같다. 처음에는 힘들던 2kg 덤벨이 일단 익숙해지면 가볍게 느껴진다. 다음은 3kg에 도전하고 다시 힘든 순간이 시작된다. 이처럼 도전을 극복하면 그 도전은 더 이상 도전이 아니다. 선경험으로 대처 능력이 생긴 때문이다. 이어 내 스스로 더 큰 도전을 하거나 주변에서 내게 가능성을 보고 더 큰 책임을 준다.

전문 커리어는 한 분야에 평균 3년 이상 몰입할 때 쌓이기 시작한다. 첫 1년은 힘들고 2년 차는 익숙해지고 3년 차에는 조금씩 지루해진다. 변화 시점이 다가온다. 질적으로 깊게 할 것인지, 양적으로 확대할지, 그 변화를 만드는 것은 각자의 몫이다.

제 2 장 | 성공 원칙 3

Presence
'지금 여기'에 존재한다

나는 어디에 있든 그 장소에서 영향력을 발휘하는가? 내가 말을 하면 사람들이 멈추고 집중하여 듣는가? 이것이 프레즌스 Presence 이다. 우리말로 존재감이란 존재 Being 그 자체를 의미하기도 하고 나에게서 발현되는 힘을 의미한다.

에이미 커디 Amy Cuddy 는 하버드대 경영대학원 교수이자 사회심리학 분야의 세계적 권위자이다. 커디 교수는 자신의 책 《프레즌스》에서 '프레즌스란 자신의 진정한 생각, 느낌, 가치 그리고 잠재력을 최고로 이끌어낼 수 있도록 조정된 심리 상태'라고 통칭했다.

자료에 따르면 뉴욕 기반의 비영리 조사기관인 'Center for Talent Innovation'의 268명의 시니어 리더들이 프레즌스는 승진하는 데 필요한 요소의 26%를 점한다고 했다. 실제 투자 유치에 나선 기업가가 얼마나 '현재에 집중'하고 독소리, 몸짓, 표정에서 자신의 제안을 얼마나 진심으로 믿는지, 그 내면을 진실되게 표현하는지가 중요하다는 것이다.

트루 셀프 코칭에서 프레즌스란 '리더의 존재감으로 해당 리더가 조직에 미치는 영향력'을 의미한다. 리더가 '지금 여기' 존재할 때, 온전히 몰입을 하며 동시에 상대와 온전한 연결을 통해 일심동체가 되어 최고의 성과를 내게 된다. 프레즌스는 자신과 비즈니스 그리고 조직원의 헌신과 열정 그리고 성과에 긍정적인 영향을 미친다. 리더는 책임감과 실적 압박, 바쁜 일정 속에서 지치고 흔들리기 쉽다. 존재감을 유지하는 것 자체가 도전이다.

여기서는 2가지 차원으로 프레즌스를 다룬다. 첫 번째로, '리더는 존재 차원에서 어떤 프레즌스를 가지는가?'이다. 자신의 잠재력을 최고로 이끌어내는 몸과 마음의 상태로 활력이나 자신감 또는 에너지로 충만한 상태이다. '지금 여기에' 현존하며 몰입된 상태이기도 하다. 커디 교수의 말처럼 잠재력을 최고로 이끌어내도록 상태를 조정하는 것이다.

I사는 많은 개혁가들과 창업가들을 위해 하드웨어와 콘텐츠 그리고 네트워크를 제공하는 세계 유수의 비즈니스 커뮤너티 센터이다. F는 I사의 중국 지점을 설립한 창업가 중 한 명이다. 그녀는 사회의 벽을 깨며 젊은 세대가 글로벌 이슈들을 해결할 수 있도록 영감을 주고자 했다. 그녀는 코칭을 통해 사회 변혁가이자 조직의 리더로서 어떤 정체성을 가지고 이 주제를 풀어갈지를 성찰했다. F는 그간 열정과 정성으로 조직원들과 창업가들을 도왔지만 때론 에너지가 고갈되었다. 많은 여성 리더들이 자신을 잊거나 희생하고 상대를 챙기는 경향을 보이기 쉽다. 타고난 여성성의 특성과 사회-특히 아시아-에서 의식적/무의식적으로 상대를 배려하고 관계에 먼저 집중하도록 훈련된 결과이다.

F는 먼저 코칭을 통해 에너지를 충전했다. 이어 명상을 하여 다시 에너지를 이끌어냈고 향후 방향성에 대해 영감을 받았다. 명상은 자신에게 집중하여 스스로 에너지를 주고 코칭은 코치와 리더가 함께 리더에게 집중함으로써 에너지를 나누면서 마음의 먼지인 감정, 생각 그리고 감각을 정화하는 과정이다. 에너지가 충만해지면 창조가 일어날 조건이 충족된다. 이때 본연의 내 모습이 드러난다. 마치 먼지 묻은 보석을 닦으면 반짝이는 보석이 드러나는 것과 같은 이치이다.

자연스레 내면의 지혜가 작동하면서 자신이 가지고 있던 현안이나 화두에 대해 해답을 찾는다. 코칭 철학에서 보았던 것처럼 해답은 내면에 있다. 또한 F는 공감력에 대한 해답도 발견했다. 직원들에게 충분히 공감하고 싶었는데 명상을 한 후 경험한 평정심을 통해 공감할 수 있는 마음의 여유가 해답이 될 수 있다는 것을 발견했다. 또한 코치가 자연스럽게 그녀의 공감하는 모습을 보며 어떤 분위기와 자세로 공감을 표현할 수 있는지도 참조할 수 있었다.

두 번째로, 조직 내 직원들과 또는 고객 등 이해 관계자들과 관련해 리더가 가지는 리더 프레즌스이다. 리더에게 프레즌스가 있을 때 구성원들은 리더를 더 신뢰하고 리더의 존재감을 느끼며 자연스럽게 영향을 받는다. 프레즌스는 '~다움'이라는 말로도 설명될 수 있다. 리더답다는 것은 그 사람의 참 리더상이며 동시에 리더가 가져야 할 성품과 역량을 지녔다는 의미이기도 하다. 이는 상대에게 편안함과 안정 그리고 신뢰감을 준다.

리더십은 커뮤니케이션을 통해 주로 행사되기에 리더에게 커뮤니케이션은 일의 핵심이며, 관계와 소통을 통해 강화된다. 상호 신뢰를 기반으로 상대에게 긍정적 영향력을 끼치는 것이 리더십이고 그러한 차원에서 리더십은 설득력이며, 눈에 보이지는 않으나 상대나 조직에게 미치는 영향력, 즉 프레즌스를 만든다. 프레즌스는 다른 사람들이 나를 바라보는 시각이기도 하다. 즉, 프레즌스는 존재감이자 '나의 어떤 분위기로 다른 사람들에게 어떻게 소통하는가'를 결정한다. 이 프레즌스는 아래와 같이 다양한 방식으로 전달할 수 있다.

(A)외형

1. 비언어 Non-verbal : 성과, 나의 직위, 입고 있는 옷, 연결, 자세나 행동 손 제스처, 가슴과 어깨를 펴기, 고개 끄덕이기, 앞으로 몸을 약간 기울이기, 눈 마주치기, 자신감 있는 눈빛, 미소, 상대의 제스처 따라 하기, 즉 미러링, 열린 자세, 팔짱 끼지 않기

2. 언어 Verbal : 상대를 존중하는 말/상대에게 유익한 말/논지를 푸는 방식, 속도, 어휘 등

(B)내면

진정성, 생각, 가치관, 철학, 사상, 사고방식, 성격, 성품, 트라우마, 제약 신념, 자존감, 자신감, 집안 내력, 성장배경, 과거의 성공 경험. 정서 평정심, 자신감, 편안함, 자연스러움 등 동서양을 막론하고 여성들은 자신감을 충분히 표출하지 않아 커리어를 가로막는 경우가 많다.

일반적으로 남성들은 자신의 능력을 과대 평가하거나 과장하고, 여성들은 자신의 능력을 과소 평가하거나 잘 내보이지 않는 경향이 있다. 이제껏 비즈니스나 정치 분야에서 무모하리만큼 큰 도전을 하는 리더들은 대부분 남성들이었다. 승산이 확실하지 않은 경우, 리더가 위험도 불사하고 책임을 지겠다는 확신에 찬 모습이 상대에게 어필한다. 최고 경영진으로 올라갈수록 자신있고 신념에 찬 언행이 주주들이나 투자자들에게 어필하기 때문이다.

자신의 의사 결정에 대해 확신이 없거나 자신이 먼저 의심을 하면 그것이 상대에게 에너지로 빠르게 전달된다. 이런 경우 해당 리더는 상대에게 설득력을 잃게 된다. 리더는 자신을 먼저 설득할 수 있어야 다른 사람들을 설득할 수 있다. 그리고 그 설득에 대한 확신은 눈빛으로, 목소리로 그리고 자세와 제스처, 음성으로도 드러난다.

아래는 이외에 프레즌스를 키우는 몇 가지 방안들이다.

TIP - 1
자기 자신에 대한 생각이나 태도에 변화를 주는 것이다. 자존감이나 자신감 등 자신에 대해 느끼는 생각과 느낌, 가치의 상태를 긍정적으로 전환하는 방법이다. 최고의 프레즌스는 자신이 Best Self일 때 나온다. 가장 나다울 때 자연스럽고 편안하며 최고의 모습을 발현하기 때문이다. 1~3분의 명상이나 5분 코칭 대화만으로도 일시적이나마 최고의 모습을 끌어낼 수 있다.

TIP - 2
휴식이나 땀을 흘리는 운동 등 심신의 에너지를 높여 프레즌스를 키우는 방법이 있다. 건강한 몸이 마음에, 반대로 건강한 마음이 몸에 영향을 준다. 몸이 가볍고 활력으로 넘치면 잠재력을 최고로 끌어낼 수 있다.

TIP - 3
신체 자세만 바꾸어도 프레즌스가 올라간다. 똑바로 서서 머리를 세우고 어깨를 당당히 편 후 2분 동안 수퍼맨이나 원더 우먼 자세를 취한다. 에이미 커디 교수에 따르면 이런 자세만으로도 테스토스테론 호르몬 수치가 올라 당당하고 힘 있는 느낌을 상대에게 전달하게 된다. 이와 반대로 편안히 앉거나 누워서 눈을 감고 심호흡을 하며 몸의 긴장을 풀고 내가 원하는 리더의 느낌을 가진다. 예전에 자신감이 넘치던 순간을 떠올리고 심호흡을 해도 좋다. 2~3분 후 마무리를 하고 그 에너지 상태로 상대를 만나면 우리가 원하는 리더 프레즌스를 전달할 수 있다.

TIP - 4
점진적으로 프레즌스를 키우는 훈련도 있다. 우선 미소를 지으며 자신감 있는 얼굴을 하고 거울을 보며 혼자 연습을 한다. 첫 단계가 어느 정도 편안해지면 다음 단계는 같은 느낌으로 친한 친구나 가족을 마주 대한다. 세번째 단계는 고객이나 회사 동료를 대상으로 하고 마지막 단계는 길거리를 걸으며 낯선 사람을 보면서 자신의 에너지를 표출하는 것이다. 이 단계들을 거치며 조금씩 더 편안해지고 당당해지는 자신을 즐긴다.

리더를 위한 성공 원칙 3 적용 사례

D 사 P 이사는 코칭을 통해 조직 내 총체적인 리더 프레즌스를 키운 전형적인 사례이다. 그녀는 한국팀이 내는 성과에 자신이 있었다. 다만, 한국팀이 뛰어난 전문지식과 열정 그리고 헌신에도 불구하고 본사 차원에서 상대적으로 인정을 제대로 받고 있지 못하다고 느껴왔다. P 이사는 한국 지사가 글로벌 차원에서 더 많은 역할을 하기를 원했다. 그녀는 자신이 세계적인 메디컬 전문가로 한국을 넘어 글로벌 차원에서 활동하면서, 동시에 한국의 후배들이 큰 글로벌 무대에서 활약할 수 있도록 지원하고 싶었다. 그녀의 한국 상사도 P이사가 한국을 넘어 활발하게 활동하도록 적극 장려했다.

그녀는 '한국 팀의 동반성장을 통해 글로벌 세상과 회사에 기여하는 리더'로 자신의 정체성을 정의했다. P 이사는 자신의 최고 모습을 생생히 떠올렸다. 미국 본사와 싱가포르 그리고 한국을 다니며 일하는 자신을 떠올렸다. 그 시각으로 모든 상황들을 바라보았다. 자신과 가족 그리고 회사 사람들과의 관계를 되돌아보았다. 자신의 정체성, 리더십, 커뮤니케이션 그리고 영어에서 하나하나 성찰하고 구체적인 로드맵과 목표를 설정했다.

자신의 강점이 합리성이며 그 합리성 덕분에 자신이 앞으로 감성 소통 역량을 좀 더 키워야 한다는 것을 납득했다. 그녀는 자신이 먼저 아시아 포지션에서 일해야 한국팀의 길을 터주는 역할을 한다고 판단했다. 이를 위해서는

1. 먼저 자신이 주도적으로 전문지식을 강화시켜나가며,
2. 사전에 본사와 아시아 사업 본부장과 신뢰를 쌓아가고,
3. 자신이 할 수 있는 역할을 탐색해 포지션 기회가 왔을 때 자신의 의사를 영어로 효과적인 커뮤니케이션을 하는 것이 관건이다.
4. 해외 출장이 더 많아질 것에 대비해 기초 체력 관리와 스트레스 관리를 하고,
5. 배우자와 사전 대화를 통해 이해를 구하며 자녀들과 양질의 시간을 보낼 수 있도록 삶을 설계해야 했다.

이어 한국팀 동반성장을 위해서는

> 1. 한국 상사에게 자신의 의사와 의도를 적극 소통하고 지원을 요청하며
> 2. 한국 직원들과 깊은 관계를 쌓고 역량 강화 코칭을 하며
> 3. 한국과 외국에서 원거리 협업을 할 때를 대비해 팀워크를 강화하고
> 4. 본사와 아시아의 니즈를 경청함과 동시에 지속적으로 한국팀을 어필해야 했다.

그녀는 세계적인 메디컬 전문가로 본사와 싱가포르 그리고 한국을 오가며 일하는 모습을 계속 떠올렸다. 그 입장에서 생각하고 행동하고 의견을 냈다. 그리고 자신이 계획한 바와 의도한 바들을 하나씩 실행에 옮겼다.

그녀는 자신과의 커뮤니케이션을 먼저 시작했다. 마음챙김 Mindfulness 명상을 통해 자신의 감정과 생각 그리고 신체에서 느껴지는 것들을 섬세하게 알아차리는 훈련을 했다. '과연 내가 할 수 있을까?' 하는 두려움과 막막함이 그리고 '지금도 바쁜데 뭘 굳이 더 하려고?' 하는 귀찮은 마음이 가끔 올라왔다. 그 마음들을 알아차리고 일정 시간 동안 바라보면 어느 정도 시간이 지난 후 사라졌다. 특히 일이 많아 스트레스가 쌓일 때는 부정적인 감정들이 올라왔다. 그럴 때마다 감정들을 알아차리고 해소하며 에너지 관리에 집중했다. 또한 코칭 세션 중에 다양한 감정을 공부하고 자신의 감정을 알아차리면서 상대에게 자신의 감정을 효과적으로 표현하는 훈련을 했다.

이 과정에서 그녀는 자신이 편안해지면, 상대와 사안을 왜곡된 시각이 아닌, 객관적으로 보고 합리적인 의사결정을 내린다는 것을 알았다. 올바른 시각으로 합리적인 의사결정을 내리면 몸과 마음이 먼저 알았다. 자연스럽고 편안했다.

P 이사가 자신의 감정을 알아차리게 되면서 이제 그녀의 눈에는 다른 사람의 감정도 잘 보였다. 그녀는 직원들에게 공감할 수 있었고 더 나아가 상대의 감정을 알아보아주면서 표현했다. 직원들이 점점 더 P 이사에게 다가왔고 그녀도 직원들이 더 편안해졌다. 시간이 갈수록 P 이사는 관계에 대해 자신감이 생겼다. 직장 생활에 대한 만족도도 올라갔다. 보통 이 지점에서 선순환이 시작된다. 마음의 여유가 생기면 비전을 더 생생하게 그린다.

자신이 본사에서 일하는 세계적인 전문가라는 비전 덕분에 에너지가 생기면 업무에 더 충실해진다. 덕분에 성과가 나고 그 성과는 다른 긍정적인 미래를 불러 온다. 과중한 업무로 가끔 균형이 흔들릴 때도 있었지만 P 이사는 이 또한 리더십 훈련의 일부로 여기며 헤쳐나갔다. P 이사의 마음이 편해지고 에너지가 생기며 자신감이 차오르면서 긍정적인 마음이 커질수록 그녀에게는 프레즌스가 더 깊어졌다. 또한 이미 자신이 본사에서 일하는 세계적인 전문가임을 의식하면서 살게 되었다.

이어 저자는 그녀의 영어 커뮤니케이션 패턴과 장단점을 진단했다. 그녀에게 맞는 영어 학습법을 나누고 영어 로드맵을 그렸다. 그녀에게 맞는 영어 책도 추천했다. 그녀는 자신의 영어 커뮤니케이션도 지속적으로 업그레이드했다. 한국인들에게 익숙한 미괄식에서 벗어나, 사안에 따라 두괄식과 양괄식 중 선택해서 이메일을 쓰고 소통했다.

영어 말하기도 진행했다. 커리어 차원의 꿈을 영어로 말하는 모습을 녹화해 이를 커뮤니케이션 역량과 영어 차원에서 코치와 함께 점검했다. 잘 틀리는 발음 10여개에만 집중해서 교정을 했고 억양 또한 2~3 패턴에만 집중 교정을 했다. 한국인이 잘 틀리는 발음 몇 개만 집중 교정을 해도 말이 훨씬 더 명료하게 들렸다.

코치는 그녀에게 사용 빈도수가 높고 쉽지만 전문가 수준에 어울릴 만한 영어 패턴을 50여개 제시했다. 그 패턴을 활용한 문장으로 발음과 억양에 신경 쓰면서 10여 차례 리허설을 했다. 매번 리허설이 끝날 때마다 잘한 점과 개선할 점을 분석했다. 점점 그녀의 영어가 명료해지면서 자신감이 붙었고 이는 그녀의 프레즌스에 긍정적인 영향을 주었다.

코칭을 시작한 지 6개월 차가 되면서 그녀는 상무로 승진했다. 승진의 흥겨움이 가시기도 전에 이번에는 아시아-태평양 사업본부 내 그녀가 원했던 포지션이 생겼다. 본사와 아시아 사업본부장은 그녀가 그 포지션에 적임자라고 판단했다. 이렇게 그녀는 조직 내에서 자신이 하고 싶고 잘 할 수 있는 역할을 찾아 발탁이 되었고, 조직 내 자신의 리더 프레즌스를 강화했다. 현재 P상무는 한국과 싱가포르를 오가며 업무를 수행하고 있다. 요즘도 그녀는 본사에서 일하는 모습을 꿈꾸며 꿈을 실현하기 위해 계속 준비하고 있다.

독자를 위한 실용 가이드

영어 커뮤니케이션과 관련된 프레즌스에 대해 이야기하고자 한다. 리더 프레즌스처럼 영어 커뮤니케이션의 목적지 또한 영향력이고 성과 창출이다. 즉, 영어의 실제 목표는 '유창한 영어 말하기'가 아니라 '이번 소통을 통해 어떤 성과를 창출하려는가?'이며 얼마나 성과 창출에 효과가 있었는지를 말해주는 지표가 프레즌스이다. 즉, 영어 커뮤니케이션을 할 때 프레즌스를 최대화한다면 리더가 원하는 비즈니스 성과를 최대화할 수 있다.

영어 커뮤니케이션의 핵심도, 영어 학습법의 핵심도 'Who?'이다. 즉, 자신의 Best Self가 출발점이자 종착점이다. 그 모습을 알아야 필요한 영어 학습의 범위와 내용을 알 수 있고, 동시에 우리가 당도해야 할 영어 커뮤니케이션의 최종 목표를 설정할 수 있다. 예를 들어 원칙 2의 리더 사례에서 나왔던 다국적 기업 Y 사의 M 전무는 아시아 사업본 부장의 모습을 떠올렸다. 이 경우 아시아 사업본부장이 당당하게 영어 커뮤니케이션을 하는 모습이 최종 목표가 된다.

영어 원어민이 아닌 이상 영어로 말하는 순간 프레즌스가 떨어진다. '지금 여기' 상대방과 나에게 집중을 하고 서로 연결되어 소통을 하지 못한다. 머리 속에서 우리말을 영어로 바꾸느라 바빠서 의식이 다른 곳에 가있기 때문이다. 발음이 명확하지 않으면 말소리도 어눌하게 들린다. 모국어가 아닌 경우 발음과 억양 그리고 강세를 평소보다 의식적으로 또박또박 말하지 않으면 서둘러 말하는 것처럼 급하게 들린다. 영어를 잘 하려고 할수록 마음이 긴장되니 음성도, 표현도 어색하고 불안하다. 그 경우 나도, 상대도 편하지않다. 비즈니스 협상이나 프레젠테이션 등 성과나 매출에 영향을 주는 사안일 때는 더 긴장을 하게 되고 악순환이 되어 버린다.

영어로 말할 때 프레즌스를 올릴 방안은 여러 가지가 있다. 첫째, 매번 자신의 최고 모습을 인식하며 현재를 사는 것이다. 얼굴 표정, 자세, 언행이 다르다. 말도 더 깊이 있고 목소리에 여유와 자신감이 느껴진다. 상대에게 호감, 신뢰, 전문성 등을 전달할 수 있다.

둘째, 명상을 통한 상대와의 연결이다. 평소 명상을 하는 사람들은 긴장을 잘 하지 않고 평정심을 가진다. 따라서 영어를 말할 때 여유가 있다. 듣는 사람도 편하고 나도 말할 때 편안하다. 말하기 전에 상대방을 떠올리며 일심동체가 된 모습을 생생히 그린다.

셋째, 시각적 이미지 향상이다. 메러비언의 법칙 The Law of Mehrabian 에 따르면 한 사람이 상대방으로부터 받는 이미지는 시각 표정 55%, 청각 음색, 목소리, 억양 38%, 언어 내용 7% 라고 한다. 외모, 복장, 몸짓, 손짓, 얼굴 표정 등에서 프레즌스를 효과적으로 올릴 수 있다. 첫 만남일수록 시각적인 효과는 더욱 크다. 특히 북미 등 서구인들과 대화를 나눌 때는 크고 적극적인 바디 랭귀지가 필수이다. 미소와 눈을 마주치는 것 둘 다 별도로 의식적인 훈련을 하는 것이 좋다. 미소를 지으며 눈을 마주치는 것이 익숙해지면 우리말로 대화를 할 때도 도움이 된다.

넷째, 청각적 요소이다. 편안하고 신뢰감이 느껴지는 목소리가 중요하다. 여기에 억양과 강세, 호흡, 일시 정지, 리듬 등의 요소를 추가하면 프레즌스가 올라간다. 영어 발음을 매일 10분씩 2주 간 한국인들에게 특히 어려운 발음 5 항목 f-v, b-p, r-l, s-z, d-th θ - th ð 에 집중해 효과를 높인다. 또한 영어를 말하기 전 1분 호흡 명상과 1분 간 '아에이오우'를 5회 큰 소리로 발음한다. 입 주변 근육을 풀어주는 것은 본 운동 전 예비 운동과 같다. 내가 영어 발음을 하기도 쉬워지고 상대방에게도 더 또렷하게 들린다. 즉, 영어 수준을 올리지 않아도 1분 '아에이오우'가 최소 1달 동안 영어를 집중 학습한 효과를 낼 수 있다.

다섯째, 언어 내용 요소이다. 콘텐츠 발할 내용 를 단순하고 명확한 키워드로 미리 정리한 후 대화를 나눈다. 콘텐츠를 조용히 2회 읽은 후 3개의 키워드를 선택한다. 그 3단어에 살을 붙이며 큰 소리로 몇 차례 리허설을 한다. 외국 출장에서는 프레즌스 유지가 더 힘들다. 시차와 환경이 다르고 다양한 상황에 노출되면 심신이 예민해진다. 갈등도 생기고 몸에 탈이 나기 쉽다. 출장이란 현지 고객사의 홈 그라운드에서 고객들에게 자신과 한국팀을 어필하는 시간이다. 짧은 시간 내에 신뢰를 쌓고 성과를 내기 위해서는 프레즌스와 효과적 커뮤니케이션이 수반되어야 한다. 혼자 있을 때 수시로 호흡에 집중하고 휴식을 취해서 에너지를 관리한다.

마지막으로 '영어 정서'이다. '영어 정서'란 무엇일까? 간단하게 말하면 영어에 대해 내가 가진 감정 또는 느낌이다. '영어'라는 말을 들으면 어떤 감정이 먼저 떠오르는가? 나의 영어 첫인상은 좋은 기억인가 아니면 나쁜 기억인가? 그리고 나에게 영어는 하기 싫지만 해야 하는 의무인가, 하고 싶은 열망인가? 영어를 통해 잠재력을 발현하고자 한다면 '영어 정서'를 먼저 관리해야 한다.

사람들은 즐거운 것은 하고자 하고 고통스러운 것은 피하려는 경향이 있다. 영어 학습도 마찬가지이다. 영어를 통해 이루고 싶은 꿈이 있거나 성취감을 경험하거나 함께 하는 사람들이 좋다거나 칭찬과 인정 또는 존경과 금전적 보상, 승진 등이 있다면 사람들에게 더 동기부여가 된다. 이는 영어학습에 더 많은 시간을 투자하는 긍정적 행동으로 이어진다.

이에 반해 고통이나 부정적인 감정은 하겠다는 의지나 행동을 단념시킨다. 피로, 스트레스, 좌절, 부끄러움, 분노, 배척, 후회, 좋지 않은 습관, 질병 등이 여기에 해당된다. 우리가 당장 영어를 안 하는 불편함보다 영어를 하면서 느끼는 불편함이 더 크다. 결국 단기적인 편안함 때문에 영어를 할 때 누릴 수 있는 장기적 풍요와 편안함을 가지지 못한다. 영어를 하면서 실수를 하면 내가 나를 용서하지 못하거나 다른 사람들의 평가를 두려워할 때가 많다.

특히, 한국 정서에서는 존재 차원의 두려움이 많거나 또는 기준이 높아 영어를 완벽하게 해야 한다는 생각이 지나치게 많다. 다른 사람들의 시선을 의식하고 평가 받는 것에 대해 부담스러워 한다. 이런 상황이 계속 벌어지면 영어가 부담이 되고 불편한 상황을 직면하는 것을 피한다. 좋은 기회가 있어도 소극적으로 대처하거나 적극 참여하지 않는다.

내 긍정 에너지가 쏠리는 곳에서 창조가 일어난다. 영어에 대한 감정이 부정적이라면 먼저 '무엇이 나의 영어 여정을 즐겁게 만들까?'를 묻고 그 답을 실행해야 한다. 어떤 것에 대한 감정은 시작, 과정, 결과 모두에 영향을 미치기 때문이다. 당연히 프레즌스에도 영향을 미친다. '이대로 좋아. 실수해도 괜찮아.'하는 마음을 생활 전반에서 훈련하기를 권한다. 영어 정서를 잘 관리하면 영어에 몰입할 수 있고 이는 곧 성과로 이어진다. 더불어 부정적인 감정이 일어날 때는 피하지 말고 그 감정에 당당히 직면해보자. 그 감정 밑에는 어떤 정서와 욕구가 있다. 그 뿌리에는 어떤 스토리가 있을 것이다. 그 감정과 내면 욕구를 해소하면 그 스토리에서 자유로워진다.

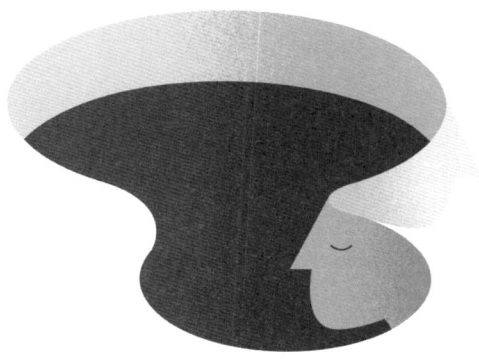

제 2 장 | 성공 원칙 4

Design
리더십과 영어 커뮤니케이션을 설계한다

목표 성취를 잘 하는 사람들은 꾸준히 그리고 효과적으로 아래 3단계를 거친다.

하나. 목적 의식: 먼저 무엇인가를 하고자 하는 주체인 'Who?'와 그것을 하고자 하는 본질적인 목적인 'Why?'가 명확하다. 내가 어떤 모습이 되고자 하는 것인지, 어떤 목적으로 그것을 하려는 것인지 의미를 탐색한다.

둘. 목표 의식: 'What?'이다. 그 본질적인 목적을 위해 현재 나는 어디에 있는지 객관적으로 진단하고 구체적으로 무엇을 해야 하는지 자신이 원하는, 자신에게 맞는 목표를 설정한다.

셋. 실행력: 'How?'이다. 목표를 이루는데 필요한 성공 요소들과 인적/물적 자원을 탐색하며 이 자원들을 활용해 효과적으로 실행하는 것이다.

이 3단계는 계속 반복된다. 실행 이후 그 결과와 과정을 성찰하고 개선하며 다시 구체적인 실행계획을 세우고 실천 후 다시 성찰하면서 업그레이드 된다. 트루 셀프 코칭에서 모든 코칭 목표들은 끝을 생각하고 설계한다. 여기서 끝이란 세 가지로 나눈다. 첫째, 장기 비전이다. 리더십 코칭에서는 보통 퇴임 순간이나 커리어의 최고 전성기를 의미한다. 둘째, Big T이다. 코칭 계약이 끝나는 시점이다. 원칙 2에서는 이를 단기 목표로 분류했다. 코칭 계약이 끝날 때 이루고자 하는 대목표들이다. 마지막 세 번째, Small t이다. 보통 세션이라고 부르는 코치와 고객 간(또는 리더와 부하직원간) 1회의 만남에서 코칭 대화가 끝났을 때 도달하고자 하는 목표 지점이다.

원칙 4는 코칭 계약 기간 동안 달성할 단기 목표, 즉 Big T에 대해 이야기한다. 통상적으로 코칭 계약은 3개월 ~1년이 대부분이다. 이후 재계약을 한다. 코칭 목표 설계를 위해 '리더를 위한 원칙 1의 적용 사례'에서 제시했던 면담 질문지를 활용할 수 있다. 이때 단기 목표, Big T는 질문 10번 '1년 코칭 후 어떤 결과를 얻고 싶으세요?'에 해당한다. 또는 간단하게 다음과 같이 3가지 질문을 할 수 있다.

> 질문 1. 과거의 성공 경험들과 시행착오들을 통해서 무엇을 배웠습니까?
> 질문 2. 장기 비전을 이루기 위해 3년 후 어떤 모습이고 싶은가요?
> 질문 3. 그 첫 단계로 첫 코칭 계약이 끝나는 1년 후 구체적으로 무엇을 이루고 싶습니까?

코칭 목표를 설계하기 위해 코칭 대화 모델 TRUE를 소개하고자 한다. 코칭 대화를 시작하고 진행하며 마무리하는 대화 흐름의 4단계를 각 단어들의 이니셜을 따서 T-R-U-E라고 부른다. 이 TRUE 모델을 이용해 대화를 하면서 나의 진정한 모습 'True Self ^{참나, 본연의 나}'를 찾아간다는 의미를 담고 있다.

〈코칭대화 모델 TRUE〉
- 1단계(T): Target 목표
- 2단계(R): Reality 현재
- 3단계(U): Use 활용 자원
- 4단계(E): Execution 실행

이 TRUE 모델은 크게 두 측면이 있다. Big TRUE 그리고 Small true가 그것이다. 이번 원칙 4에서는 Big TRUE 를 다루고, 이어 원칙 5에서 Small true를 다룬다. 1년 간 코칭 계약을 했다면 Big TRUE는 '1년 후 목표 ^{목표 대비 현재/목표를 이루기 위해 활용할 수 있는 자원들/목표를 이루기 위한 실행 계획들}'을 의미한다.

첫 단계인 Big T는 1년 이후의 모습을 의미하는 것, 즉 코칭 목표이다. 다음 단계인 Big R은 코칭 목표 T 대비 현재의 모습이다. 모든 것이 자신을 객관화하는 것에서 시작한다. 현재 내가 어디까지 와 있는지를 판단한다. 진단을 통해 코칭 목표 T와 현재의 모습 R의 간극을 파악할 수 있다. 보통 정량화 또는 수치화를 한다. 3 단계인 Big U는 목표와 현실 사이의 간극을 좁히기 위해 활용할 인적 그리고 물적 자원들을 뜻한다. 마지막 단계인 Big E는 코칭 목표를 달성하기 위한 실행계획들이다. Big T 코칭목표 를 이루기 위해 1년 실행 계획을 수립한다. 아래와 같이 정체성, 리더십, 커뮤니케이션 그리고 영어/문화를 포함한 영어 커뮤니케이션이라는 4개의 세부 항목으로 구분한다. 이 책에서는 글로벌 시대의 흐름을 선도하는 트루 셀프 코칭 리더십과 영어 커뮤니케이션에 초점을 맞추었다.

첫째, 정체성 Self-identity **이다.** 트루 셀프 코칭은 삶 전체를 포괄하지만 특히 리더가 탁월한 리더십을 발휘하는 데 필요한 3가지 항목을 선별했다.

1) 자아존중감 : 자신이 소중한 존재라는 자신에 대한 믿음이다. 자신과 타인을 믿고 배려하는 상호 신뢰의 바탕이다.
2) 자기효능감 : 어떤 일을 탁월하게 할 수 있다는 자신에 대한 믿음이다. 기존의 자신을 넘어 새로운 일에 도전하고 이루며 더 많은 역량을 쌓는 기반이다.
3) 라이프스타일(Lifestyle) : 삶의 질에 영향을 미치는 5가지 영역 신체적·지적· 정서적·영적·사회적 에 대한 습관과 생활양식을 말한다.

라이프스타일은 자기존중감과 자기효능감에 영향을 미치고 반대로 자아존중감과 자기효능감도 라이프스타일에 영향을 준다. 훌륭한 리더는 이 3영역을 건강하고 조화롭게 유지하며, 장단기 차원에서 효과성과 효율성의 균형과 조화를 이루기 위해 노력한다. 저자를 포함해서 많은 여성들이 잠재력을 인정받지 못하거나 기회가 주어지지 않는 환경에서 태어나고 자랐다. 이로 인해 스스로도 자신의 잠재력을 하향 평가했으며 낮은 자기존중감과 자기효능감으로 이어졌다. 또는 자신을 인정하지 않는 환경과 현실에 분노하거나 오히려 그 반대로 현실에 안주하는 경우가 많았다.

둘째, 리더십 Leadership **이다.** 이 리더십 항목 또한 3가지 영역에 초점을 맞춘다.

1) 마인드: 리더가 가지는 세계관, 비즈니스와 리더십에 대한 철학과 사상 그리고 인간관이다. 흔히 리더의 그릇은 회사의 그릇이라고 한다. 마인드가 리더의 그릇과 정체성을 만든다.

2) 정체성: 여기에는 리더로서의 현재 모습 성공 원칙1에서 파악한 자기 인식 결과물 과 최고의 모습 성공 원칙1에서 파악한 Best Self 이 포함된다. 리더의 열정과 재능이 세상 조직 이 요구하는 필요와 일치시키고 무한 잠재력을 깨운 최고의 모습이다. 다른 회사나 조직 내 다른 리더들과의 무한경쟁이 아닌, 리더 자신의 최고 모습을 향한 무한 성장이다.

3) 리더십 역량: 조직 변화 관리, 문제해결/의사결정, 정치/영향력, 위기관리와 혁신, 비전과 전략, 업무 관리, 비즈니스 스킬과 지식, 조직 이해/관리 , 셀프 윤리의식과 정직, 목적의식, 리더십 학습역량 개발, 자기관리, 자기 인식, 적응력 개발 , 타인 효과적인 의사소통, 인재 양성, 다양성, 관계, 팀워크 , 그리고 글로벌 역량 글로벌 마인드, 이문화 소통 스킬, 문화 다양성 존중 차원으로 분류할 수 있다.

여기에는 *리더십 이탈도 함께 고려해야 한다. 리더는 강점 덕분에 승진을 하지만 리더십 이탈 항목 때문에 실패한다. 따라서 리더에게는 강점 기반의 성장뿐만 아니라, 이탈 중심의 관리 또한 필수이다.

---

*리더십 이탈: 리더가 목표를 향한 길에서 빗나간 행동을 반복하는 것을 의미하며, 대표적인 항목으로는 팀워크/협력 부족, 부족한 훈련/개발, 에고/오만/지나친 세부관리, 전략과 비전의 부재, 리더십 자질 부족, 변화관리 실패, 리더 선발 실패, 신뢰 부족, 감성지능/자기 인식, 성과 도출 실패 등이 있다. 크게 마인드, 소프트 스킬, 하드 스킬, 전략적 스킬 등 **4** 카테고리에 해당된다. 출처: **Chief Executive Magazine, Jan. 2016**

셋째, 커뮤니케이션이다. 자신의 정체성에 기반해 '누구와 어떻게 소통할 것인가?'라는 관계의 문제이다. 리더십은 커뮤니케이션을 통해 발현된다. 여기에서는 최고의 모습을 하나의 청사진으로 두고 리더 자신의 주요 이해 관계자들은 누구이며 어떤 우선순위로 무엇을 어떻게 소통할 것인가라는 차원에서의 관계와 소통에 관한 큰 그림을 그리는 것이다. 이러한 과정을 통해 이해 관계자들과 함께 신뢰와 팀워크를 형성하고 비즈니스를 창출해 나간다.

특히, 트루 셀프 코칭은 초일류 조직문화 구축에 집중한다. 이 조직문화를 통해 단기로는 재무성과, 중장기로는 이런 재무성과를 내는 인재들을 양성하기 위함이다. 이를 위해 '리더들을 코칭하는 리더'를 최종 목표로 한다. 최고 경영진이 직속 부하 리더들을 코칭하고 그 리더들이 자신의 직속 부하 리더들을 코칭하는 위에서 아래로 내려오는 'Top down' 방식이다. 전 리더 그룹이 코칭 철학을 기반으로 코칭 리더십을 발현하는 모습인 것이다.

넷째, 영어/문화이다. 정확히 말하면 글로벌 비즈니스 커뮤니케이션으로 언어와 이문화 소통에 집중한다. 아직도 한국이나 중국과 같은 비영어권에서는 공용어로서의 영어가 리더의 경쟁력에 상당 부분을 차지하기에 커뮤니케이션과 별개인 영역으로 구분했다. 리더들이 서로 공통의 언어로 소통한다는 것은 통역사나 번역기를 넘어서는 교감과 소통의 영역에 들어서는 것이다. 오늘날 영어에 취약하다는 것은 축구 선수가 한쪽 발목을 다친 상태로 경기에 임하는 것과 같다. 영어를 기반으로, 언어를 넘어 자신과 조직의 잠재력을 깨워 성과를 낸다.

영어라는 언어만큼 중요한 것이 우리 문화에 대한 자각을 바탕으로 상대방의 비즈니스 프로토콜과 이문화/다양성, 매너/에티켓을 포함한 문화 지능을 갖추는 것이다. 기업의 조직 문화 또한 고려 대상이다. 상대의 가치관, 행동, 태도를 주시하여 문화적 문맹을 피하고 똑똑한 이문화 경영을 하기 위한 목표 수립이다. 다음은 코칭목표를 작성하는 양식이다. 이 한장의 양식에서 한 리더의 정체성을 알 수 있다. 내가 어디에서 왔고 지금 어디에 있으며 어디를 향해 가고 있는지를 보여준다.

<True Self Coaching Goals>

Professional Goals

Date : 20___.___.___

Mission (Symbol)

Core Values

My Vision Year 20___

Coaching Goals (By ___.___)	After (1~10)	Before (1~10)
Category		
Identity		
Leadership		
Communication		
English/ Cross-culture		

Declaration:　　　　　　　　　　　Coach:

　　　　　　　(Signature)　　　　　　　_____ (Signature)

True Self Coaching
"Excellence in Global Leadership!"

※출처를 노윤경코칭부티크㈜로 밝히고 사용할 수 있다.

(A) Mission : 원칙 1에서 설명했듯이 사명은 존재이유이며 회사나 개인이 최종적으로 도달하고자 하는 목적지이다. 경영자는 여기에 자신이 리더로서 존재하는 존재 목적을 작성한다. 즉, 리더로서의 True Self 모습이다. 목적 영어로는 Purpose 이라고도 하며 이를 상징물로 추가 표현하기도 한다. 예를 들어, 저자의 상징물은 끊임없이 피고 지며 영속성을 의미하는 무궁화 Sharon 이다.

(B) Core Values : 가치는 사명에 도달하기 위해 매 순간 어떤 선택을 할 것인가를 정하는 가이드라인이다. 비유를 들자면 차가 어떤 방향으로 갈지는 결정하는 '내면의 운전사'이다. 보통 사람들은 자신이 중요하게 생각하는 가치들에 부합해서 사는 정도만큼 행복감을 느낀다.

(C) Vision Year 2__: 리더가 특정 연도 __년에 이루고 싶은 모습이다. '아무런 제약이 없다면 어디서 누구와 무엇을 하시겠습니까?'라는 질문에 대한 답이다. 비전은 그 사명에 도달하기 위한 중각 기착지로, 목적지를 향해 정렬되어야 한다.

(D) 연도는 자신에게 맞게 변경한다. 예를 들어, 2030년 나는 유럽/미주 지역 포함 총 전세계 30개국에서 활동을 하는 CEO 되는 것이 목표이다. 이 모습이 10점 만점에 10점의 모습이다.

(E) Coaching Goals(Big T) : 코칭 기간 동안 이룰 목표이다. 예를 들어 지금부터 1년 동안 코칭을 받는다면 1년 후 달성할 코칭 목표이다. After 점수 - 2030년 비전이 10점이라면 지금부터 1년 후 도달하고자 하는 목표 점수, Before - 현재의 점수

(F) Category : Big T에 해당하는 코칭 목표를 이루기 위해 Identity 리더로서의 정체성, Leadership 리더십 스타일과 역량 ,Communication 집중해야 할 관계와 소통 전략 그리고 English / Cross-culture 글로벌 비즈니스 커뮤니케이션 수단으로서의 영어와 현지 전략을 위한 이문화 경영 라는 4개의 세부 항목으로 구분하여, 각 4 분야 각각에 해당되는 코칭 계약 후 원하는 모습을 의미한다.

(G)Declaration : 목표를 수립하고 자신의 의지나 결의를 담는 곳이다. 자신의 초심 초심 을 담는 곳이기도 하다. 마음을 보다 결연하게 하고 싶을 때 또는 마음이 흔들릴 때 힘을 줄 수 있는 응원과 격려의 말이다.

한 가지 덧붙이자면, 코칭에서는 After ^{코칭 기간 완료 시점을 의미} 를 먼저 수립하고 현재를 나중에 이야기한다. 현재를 먼저 보면 열린 가능성보다는 내 앞의 제약들과 이슈들을 보면서 스스로 한계를 짓기 때문이다. 점수를 넣는 칸에서도 After가 왼쪽에 위치하고 Before가 오른쪽에 위치하는 이유이기도 하다.

상황과 맥락에 따라서 고객 진단을 먼저 하고 그 결과에 따라 코칭 목표를 수립할 수도 있다. 코칭목표 합의서를 작성한 후 목표 달성을 위해 자기주도 시스템을 만들고 ^{원칙5}, 필요한 인적 후원 환경 ^{원칙6} 을 구축한다.

핵심은 상대가 진정으로 바라는 모습이 무엇인지를 스스로 발견하게 하는 일이다. 깊은 속마음은 오랜 성찰과 탐구 끝에 알 수 있다. 저자의 경우, 10년 넘게 코칭을 계속 받고 그간 찾은 목표와 실행계획들을 실제 삶에 적용하고 개선한 결과 최종적으로 알 수 있었다. 그리고 그 최종적인 모습 또한 계속 진화 발전할 것을 안다.

사람들은 표면적으로는 서로 다른 목표를 원하는 듯싶지만 결국 모두가 행복을 원한다. 코칭 목표를 수립할 때 외형적 성취 이면에 있는 내면의 행복을 함께 탐구해야 근원적인 변화를 이루고 리더 또한 동기 부여를 받으며, 코치는 리더로 하여금 자신이 원하는 삶을 찾고 효과적으로 실행하도록 돕는다.

리더를 위한 성공 원칙 4 적용 사례

리더인 내가 자신과 조직원 그리고 조직을 변화 성장시키기 위해서는 전체적인 시각으로 통찰하여 우리에게 필요한 것을 찾아 관심을 쏟고 실행에 옮겨야 한다. 리더의 관심은 에너지이다. 태양 에너지로 꽃이 자라지만 과열은 꽃을 말라 죽이기도 한다. 이렇듯 리더의 균형 잡힌 관심과 실행은 조직을 건강하게 성장 또는 파멸시킨다.

경영은 예술이어야 하며 그것이 예술이 되기 위해서는 시스템과 같은 치밀한 과학이 병행되어야 한다. 실행이 쌓이면 습관이 되고 습관이 삶이 된다. 자신의 일상과 정서 그리고 욕구와 체력을 잘 관리해야 한다. 즉, 우리의 꿈을 이룬 덕분에 원하는 삶을 살지만, 현재의 삶 덕분에 우리의 꿈 또한 이루어지는 선순환이 일어난다.

글로벌 회사인 E 사의 한국 지사에서 일하고 있는 J 이사는 나와 코칭을 하면서 2025년까지 한국 지사의 대표가 되겠다는 비전을 세웠다. 이 비전을 이루기 위해 그녀는 정체성, 리더십, 커뮤니케이션 그리고 비즈니스 영어, 다문화 관련 목표를 세웠다. 그리고 그 목표를 달성하기 위한 실행계획을 수립하고 동료 임원 중 한 명을 상호 책임 파트너로 삼아 인적 후원환경을 만들었다.

그녀는 나이가 들수록 체력이 현격히 저하되는 것을 실감하고 이에 따라 건강한 습관에 기반한 삶을 만들고자 했다. J 이사는 매일 아침에 진행할 루틴 **routine, 규칙적으로 일정 시간을 정해 진행하는 활동들의 모음** 을 단계적으로 만들기로 했다.

첫 단계는 체력이었다. 그녀는 주 2~3회 정도 야근을 할 수 있는 체력을 다지고 싶어했다. 체력이 뒷받침되지 않으면 에너지가 딸려 영어도, 그 무엇도 1개월이 되기 전에 포기하게 된다. J 이사는 목표 수립일부터 매일 아침 10분 스트레칭을 시작했다. 오후에 집중할 수 있는 에너지를 충전하기 위해 점심 식사 직후 차 안에서 또는 회의실에서 낮잠을 잤다. 낮잠은 좋은 에너지원이지만 보통 20분을 넘어가면 저녁 잠을 설칠 수 있다. 이 단계가 어느 정도 익숙해지자 J 이사는 다음 단계로 옮겼다. 주 2회 30분 자전거 타기를 했다. 나른한 오후 시간에 실내에서 5분 스트레칭으로 몸을 깨웠다.

다음은 자신만의 리더십 스타일 만들기였다. 그녀는 매주 1챕터씩 리더십 책을 읽으며 업무 현장에서 적용하고 그 경험들을 기록해 나갔다. 관계에서 가족과의 시간은 필수 항목이었다. 그녀는 아이들이 크는 모습에 에너지를 얻었다. 아이들은 중학생이라 초등학생때보다는 손이 덜 갔지만 여전히 신경 쓸 일이 많았다.

J 이사는 조직 내 커뮤니케이션을 위해 몇 가지 시도를 했다. 친한 동료 2인과 월 1회 점심 식사를 했다. 그녀는 리더십 트렌드가 위임에서 몰입 engagement 으로 바뀌고 있음을 인식했다. 모두가 한 팀이라는 팀 스피릿을 위해 함께 토론하고 하나씩 실행해나갔다. 언제라도 인수인계를 할 수 있도록 업무 내용을 문서로도 정리했다. 때로는 시간이 없어 계획을 실행하지 못하거나 또는 실행에 옮기느라 바삐 움직여야 했다. 코칭 세션 자체도 가끔 시간적으로 부담이 되었지만 코칭 세션은 그녀가 치열한 업무에서 벗어나 숨을 돌릴 수 있는 해방구이기도 했다.

코칭 세션 일정은 가끔 밀린 자기 계발 계획들을 실행하는 계기가 되었다. 또한 코치를 만나기 전에 실행 항목들을 성찰하고 정리해야 지속적 업데이트가 가능했다. 그때 그때 하지 않으면 나중에 혼자 하기는 거의 불가능했다. 코칭을 시작한 지 한 달이 되는 시점에 영어를 시작했다. 영어 학습에 대한 로드맵을 그렸다.

코칭을 시작한지 반 년이 지나자 자기주도 시스템도, 영어 학습도 안정권에 들어섰다. 습관 유지 훈련이 관건이었다. 새로운 습관을 유지하는 훈련은 새로 습관을 만드는 것이 상으로 중요하다. 뇌는 익숙한 것으로 돌아가려는 성향이 강하다. 습관을 들이는데 걸린 시간 이상으로 습관을 유지하는데 투자해야 습관으로 남는다. 6개월 간 관리해온 체력도 향상되었다. 보다 가뿐하게 습관을 만들어갈 수 있었다. 한국 지사의 대표가 되겠다는 그녀의 꿈도 더 생생해졌다.

독자를 위한 실용 가이드

코칭 목표를 설계하는데 있어 몇 가지 실행 팁이 있다.

첫째, 솔직한 자기 공개이다. 저자의 경우 어린 시절 둘째 딸이라 필요 없는 존재이고 사랑을 받지 못했다는 제약 신념이 있었다. 커가면서 주변의 인정을 받기 위해 나를 드러내려고 애썼다. 상대가 무관심한 듯 보이면 초조해했다. 이런 인정 욕구가 충족되지 못하면 실망을 했다. 이런 모습은 내 리더십에도 영향을 주었다. 진심으로 상대를 위하고 여러 형태로 선한 역할을 하다가도 어느 순간 상대에게 서운하면 곧 관계가 소원해졌다. 나는 이런 인정 욕구를 코치에게 털어놓았다.

코칭은 직업 윤리 상 고객과 나눈 내용이 기밀이다. 하지만 기밀 유지가 있기 때문에 내가 털어놓은 것이 아니라 내가 코치를 신뢰한 때문이었다. 내 코치는 비판이나 판단 없이 내 말을 경청하고 공감했다. 상대가 깊이 공감을 하면 그것만으로도 우리는 위로를 받을 수 있다. 공감과 위로로 마음에 여유가 생기니 내가 원해서 선한 역할을 했고 그것은 내 선택이었다는 것을 상기했다. 이후 나는 인정 욕구를 느낄 때마다 잠시 멈추었다. 내 자신과 대화를 하며 사랑을 보냈다. 친한 사람들에게는 내가 언어로 인정을 받을 때 더 열정이 생겨 그들에게 몰입한다는 내 성향을 알렸다. 처음에는 사람들이 내게 인정칭찬을 하기 쑥스러워했지만 점차 익숙해졌다. 나 자신이 상대와 솔직하게 소통한 덕분에 우리 사이에 웃음이 더 많아지고 행복해졌다.

코칭 시간은 내게 해방구였다. 이후 나는 모든 어려움과 고민 그리고 부정적 감정들을 코치에게 털어놓았다. 코치는 내가 어떤 이야기를 하든 경청하고 공감했다. 내게 그런 사람이 존재한다는 것 자체가 축복이었다. 서서히 내 안의 부정적 패턴과 고민들이 상당 부분 사라졌다. 그를 계기로 나는 내면에서 폭발적인 힘이 나오는 것을 느꼈다. 하늘에 먹구름이 걷히면 원래의 넓고 파란 하늘이 드러나는 것과 같았다. 덕분에 나는 긍정적인 마음으로 세상을 대하며 내 꿈에 몰입하고 많은 것을 이룰 수 있게 되었다. 변화 속도가 빨라질수록 편안하고 자유로워졌다.

둘째, 진정성 있는 꾸준한 실행이다. H 사의 직원들은 J 상무와 회식하는 것을 좋아한다. J 상무는 비서와 주변 직원들에게 회식 컨셉을 5개로 분류해 신세대 직원들이 좋아할 만 한 장소로 컨셉 별로 5~6 곳을 추천 받았다. 이 중 3~4곳으로 선택해 실제 가보고 컨셉 별로 최종 2곳을 정했다. 다른 일로 만남을 가질 때 회식 장소로 적당한 곳을 발견하면 반가웠다. 회식 장소 리스트를 업데이트하고 직원들과 이 장소들을 방문했다.

회식 장소에서도 그녀는 주로 경청하고 가끔 질문을 한다. 그리고 고깃집으로 회식을 가게 되면 자신이 '고기 굽는 신공'을 보여주겠다며 직접 고기를 굽는다. 이후 2차는 자신은 빠지고 직원들끼리 시간을 보내도록 적극 장려한다.

셋째, 체계적이고 꼼꼼한 메모이다. S 사의 P 본부장은 내가 원하는 모습이 되기 위해 누구를 만나야 하는가, 또 그 사람들과 얼마나 자주, 어떻게 관계를 맺어야 하는가를 치밀하게 설계했다. 사람들을 목적 별로 그 사람 자녀의 결혼식에 참여할 사람, 훗날 내 자녀의 결혼식에 초대할 사람들 등 , 만나거나 메시지를 보낼 시기별 항상, 매월, 매 분기, 매년 등 로 엑셀 파일로 분류해 놓았다. 엑셀 파일 안에 비고란을 두고 각 사람 별로 기억해두어야 할 점들을 만남 직후 기록해두고 관리했다. 생일이나 좋아하는 것, 내가 상대에게 고마웠던 일, 함께 했던 시간 중 소중했던 것, 특이한 이력 등이 그것이다. 매일 그날 가진 만남들을 기록하는 데는 통상 5분이면 충분하다.

현장 도전과 실행을 할수록 내가 진정 원하는 것이 무엇인지, 내게 더 맞는 것은 무엇인지를 확인할 수 있다. 그렇게 체화된 결과물이 진정한 내 모습이다. 자기성찰이나 진단에서 알게 된 지식과 정보도 내가 실행해야 살아있는 지식이 되고 내재화된다.

제 2 장 | 성공 원칙 5

System
자기주도 시스템을 구축한다

우리가 원하는 것들은 새로운 습관을 요하고 그 습관은 우리 내면의 정체성과 주변 환경을 같이 바꾸어야 실현된다. 그 환경이 자기주도 시스템이다. 자기주도라는 것은 내가 주인이고 주체라는 의미이다. 주인일 때 자발적으로 주도하고 창의성도 발현된다. 변화를 넘어선 혁신도 주도성이 있어야 가능하다. 트루 셀프 코칭의 자기주도 시스템이란 내가 삶과 일의 주체가 되어 원하는 것을 이루기 위해 진행하는 루틴 또는 습관들의 총체이다. 개인 차원 그리고 전문가로서 토대 Personal & Professional Foundation 이다.

자기주도 시스템은 회사로 따지면 운영 시스템이다. 회사에서 관리 시스템과 리더십을 통해 경영하듯이 코칭에서도 자기주도 시스템을 구축하고 관리하여 체계적으로 목표를 달성한다. 자기주도 시스템은 다른 말로 하면, 나의 최고의 모습에 도달하기 위해 영위하는 습관들의 총체이다. 대표적으로 아침 루틴과 저녁 루틴이 있다. 저자의 경우 아침에는 기상 후 부모님 사진 앞에서 절하며 감사인사 하기 – 명상 – 스트레칭 – 영어 공부 – 글쓰기 – 신문 읽기 – 책 읽기 등이 있다. 자기주도 시스템을 성공적으로 구축하고 운영하는 데는 3가지가 필요하다.

첫째, 원칙 중심의 실행이다. 자기주도 시스템 구축은 리더 자신이 주체이며 자신을 지속적으로 개발하여 삶을 발전시키는 것을 목표로 한다. 내면에서 진정 원하는 것과 현재 상황을 자신만큼 잘 아는 사람은 없다. 때로 코치가 노하우를 주고 객관적 진단도 하지만 결국 리더 자신이 수용하고 자신과 상황에 맞게 계획을 수립하는 것을 원칙으로 한다.

우리가 새로운 습관을 만들기 위해서는, '예전 습관이 형성되는데 걸린 시간 + 그 위에 새로운 습관을 구축할 시간'이라는 2배 또는 그 이상의 노력이 필요하다. 기존 일정에서 무엇인가 10~20% 빼는 것으로 시작해서 시간과 에너지를 2배로 쓸 여유가 있어야 한다. 이런 탈학습 un-learning 또는 de-learning 을 도와주는 것이 전문 코칭으로, 원칙 1~4에서 이야기한 Best Self, 장기 비전과 중단기 목표 그리고 리더십 프레즌스를 키워 나의 에너지와 영향력을 향상시키고 구체적 코칭 목표와 실행계획을 꾸준히 관리한다.

둘째, 자기 관리와 시스템 유지 관리가 필수다. 에너지 관리와 시간 관리는 기본이다. 그 시작이 습관 만들기이다. 그 습관은 행동, 언어, 마음 사고와 정서 에 대한 자기 관리에서 시작한다. 리더는 코치와 함께 자기 정체성을 점검하고 동시에 자기주도 시스템을 구축한다. 스포츠 분야에서 프로 선수들은 보통 실제 운동 경기에 투입되는 시간과 경기에 투입되기 위해 훈련을 하는 시간이 20:80이라고 한다. 진정한 실력은 이 정기적 훈련, 즉 루틴에서 나온다. 예전 삶의 패턴을 벗어날 때까지 계속 시도를 해야 한다.

셋째, 도전 요소나 방해 요소들을 미리 예상하고 위기 관리 전략을 사전에 수립한다. 습관은 오랜 세월에 걸쳐 굳어진 결과물이다. 많은 경우 1년 심지어 10년 넘게 형성이 되어 몸이 '무의식적인 수준에서 알아서' 하는 행동들이다. 묵은 때를 제거하기가 어렵다. 마찬가지로 나이가 들수록 습관을 바꾸는 것이 더 어려울 수 있다.

우선 6개월 동안 한 목표에 집중하여 최우선 순위로 하겠다는 결단이다. 결단 후 공개 선언하여 주변의 협조를 구한다. 중도포기를 최소화해야 한다. 중도포기가 여러 번 반복되면 자신감이 떨어지고 이후 다시 시도하기가 쉽지 않다. 자기주도 시스템을 구축하여 삶의 일부로 만들 때까지는 많은 에너지가 들어간다. 일상은 습관의 집합체이고 원래대로 돌아가려는 저항이 크기때문이다. 긍정적인 면도 있다. 습관 형성이 처음에는 힘들지만 일단 정착이 되면 버리기도 힘들다는 의미이다.

또 하나의 도전은 과정 중 돌발 변수이다. 삶에서는 내가 예상치 못한 여러 가지 일들이 일어난다. 다이어트를 하려고 하면 회식이 생기고 누군가와 외식 약속이 생긴다. 영어 학원에 다니려고 하면 누군가에게 연락이 오거나 해결해야 급한 일이 생긴다. 이런 일들이 생길 때 스트레스를 받으며 '역시 난 안 돼.' 할 것이 아니라 이런 일이 생기는 것은 당연하다고 여기는 것이 지혜로운 대처법의 시작이다.

지금까지의 말을 정리해보면 첫째, 자기 인식, 즉 나는 누구이고 누가 되고자 하는가 그리고 그 모습이 되기 위해 나는 지금 무엇을 해야 하는가에 대해 객관적인 인식이 필요하다. 둘째, 그것을 위해 나만의 루틴을 가지며 체계화된 시스템을 가져야 한다. 자기주도 시스템의 관건은 자기다움이다. 핵심은 '나의 목표와 실행을 구현하기 위한 시스템이 내 삶에 얼마나 최적화되어 운영 중인가?', 자신에게 최적화되어 '높은 효과와 효율을 낼 수 있도록 나에게 최적화되어 있는가?'이다.

원칙 4에서 언급했던 것처럼 원칙 5에서는 'Small true'를 다룬다. Small true는 우리가 세션이라고 부르는 코치와 고객 간 *또는 리더와 부하직원간* 1회의 만남에서 진행할 코칭 대화의 전체 과정을 의미한다.

1단계 : Small t target, 목표/도달하고자 하는 모습

한 세션에서 달성하고자 하는 세션 목표, 즉 당일 세션이 끝날 때까지 이루고 싶은 목표를 분명히 설정한다. 예를 들어 '인증코치 시험 합격'이 100일 간의 Big T라면 '200시간 코칭 실습을 위한 고객 확보하기'가 오늘 세션의 목표, 즉 Small t가 될 수 있다. Small t target, 세션 목표 단계는 상대의 에너지를 올려 창의적 해답을 찾기 좋은 상태로 만들고 대화가 끝날 때 자신이 원하는 목표를 명확히 하여 원하는 결과를 얻도록 초점을 맞추는 것이다. 이 단계에서 자주 사용하는 질문은 다음과 같다.

* 지난 주 의미 있는 순간은 무엇입니까? (축하/성취)
* 오늘은 어떤 이야기를 하고 싶으세요?
* 오늘 대화가 끝났을 때 어떤 결과를 원하세요?
* 구체적으로 무엇이 달성되면 그 목표가 성공했다고 할 수 있겠습니까?

2단계 : Small r reality, 현실/현재의 모습

현재 상황 진단 단계이다. 목표 대비 현황을 점검하고 향후 달성할 목표와 현재 상태 사이의 간극 GAP 을 명확히 한다. 감정과 생각이 정리되고 새로운 관점과 통찰이 일어난다. 이 단계에서 자주 사용하는 질문들이다.

* 목표 수준을 10으로 보았을 때 현재 수준은 얼마입니까? 이제껏 어떤 시도를 해보셨나요?
* 여기서 객관적 사실은 무엇입니까?
* 현재의 모습을 어떤 것에 비유할 수 있을까요?
* 무엇 덕분에(3가지) 현재 수준이 가능하게 되었나요?

3단계 : Small u Use, 자원 활용

세션 목표를 달성하기 위해 무엇을 할 수 있는지, 그 과정에서 현재 상황에서 목표 달성까지의 갭 GAP 을 줄이기 위한 자원들을 확보한다. 세션 목표와 현실 간 간극을 줄일 가능성을 탐색하고 활용할 외적 그리고 내적 자원들과 사람들을 파악한다. 이 단계에서 자주 사용하는 질문들이다.

* 목표수준 10까지 가기 위해 어떤 것들이 필요합니까?
* 나머지 _____ 를 이루기 위한 성공요소는 무엇일까요?
* 유사한 일로 예전에 성공했던 경험은? 무엇 덕분에 가능했나요?
* 목표를 이루기 위해 활용할 수 있는 나의 강점은 무엇인가요?
* 그 밖에 무엇이 있을까요?

4단계: Small e execution, 실행

다음 세션까지 실행할 계획을 수립한다. SMART, 즉 Specific 구체적 – Measurable 측정 가능한 – Attainable 획득 가능한 – Realistic 현실적인 – Timely 시간이 정해진 한 실행 계획을 수립한다. 전체 대화를 요약 정리하고 전체의 인식이나 느낌을 나누며 SMART 실행계획을 수립해 후원환경을 구축하는 데 목적이 있다. 이 단계에서 자주 사용하는 질문들이다.

* 이제껏 이야기해보시니 어떠세요?
* 다음 번 만날 때까지 무엇을 해보시겠습니까?
* 성공적인 실행을 위해 어떤 후원환경이 필요할까요?
* 오늘 대화를 통해 무엇을 느꼈습니까?

코칭 세션의 경우 매 세션을 '성찰–세션 주제–실행 계획'의 순서로 진행한다. 진행하는 과정에서 리더 인식의 깊이, 목표 달성도, 실행력 등이 달라진다. 성찰 시간은 지난 세션 이후 목표와 관련해서 이룬 것, 배운 것, 느낀 것 등을 나누게 된다. 이런 준비 과정을 통해 리더는 자신의 삶과 일에 대해 새로운 인식을 하거나 교훈을 얻는다.

이 모든 코칭 대화는 아래 코칭 모델을 통해 이루어진다. 집을 지을 때 기초 공사가 필요하고 디딤돌도, 기둥도, 벽도, 지붕도 있어야 한다. 코칭 대화 또한 좋은 설계도에 기반해서 기초 공사부터 지붕까지 차근차근 지어 올릴 때 '행복'이라는 집이 완성된다.

참고로 각 코칭 세션 전마다 코칭 준비 보고서를 활용하면 코칭 세션이 더 효과적이 된다. 실행한 것들을 미리 성찰하면서 잘 된 것, 아쉬운 것, 개선할 점을 미리 생각해보면서 셀프 코칭이 시작되기 때문이다. 또한 코칭 세션 전에 한번 정리를 한 것이 마중물이 되어 실제 세션에서 진짜 다루기를 원하는 코칭 주제들이 명확해진다.

이 준비 보고서들이 3개월 이상 쌓이게 되면 그 자체로 〈리더 성장 노트〉가 된다. 그 과정에서 자기 성찰이 습관이 된다. 아래는 코칭 준비 보고서의 샘플 질문들이다.

[코칭 준비 보고서의 샘플 질문 예시]

❶ 지난 한 주 나를 기쁘게 한 것은 무엇인가?
❷ 코칭 목표에 대해 내가 성취한 것은 무엇인가?
❸ 의도했지만 내가 집중하지 못한 것은 무엇인가?
❹ 현재 나는 어떤 도전을 하고 있는가?
❺ 이번 주 나는 무엇을 새로 인식하였거나 놓쳤는가?
❻ 금번 코칭에서 나는 어떤 이야기를 하고 싶은가?
❼ 금번 코칭 전까지 나는 무엇을 완료하고자 하는가?

리더를 위한 원칙 5 적용 사례

J 사의 D 전무는 그간 많은 도전을 해오며 기민성을 발휘해 여러 사안들을 해결해왔으며, 많은 이들이 그녀를 차기 CEO 후보로 보고 있다. 유일하게 그녀의 발목을 붙잡는 것이 영어였다. 그녀는 영어를 하고자 지난 20년 간 여러 번 시도했다. 특히 그 중 2~3번은 아예 작정을 하고 미국까지 갈 계획을 세웠다가 회사 일로, 개인 사정으로 모두 중도 포기했다. 아무리 바빠도 그녀에게 시간을 내는 것이 이제 문제가 아니었다. 다만, 무엇이 제대로 된 방법인지 알기 어려웠다. 세상에 영어 정보도, 광고도 너무 많아 구분이 되지 않았다.

그 과정에서 회사는 점점 더 해외 시장 개척을 강화하고 임직원들의 영어 향상을 독려했다. D 전무는 시대 흐름과 전반적인 시장 움직임을 보았을 때, 이번이 회사나 자신이 글로벌 체질로 개선할 수 있는 중요한 시기라고 판단했다. 10년 후 회사는 업계를 선도하는 글로벌 No. 1이 되고 초일류 조직문화를 기반으로 10개국에 현지 법인을 둔 조직이 되는 비전을 가지고 있었다. 그녀 자신은 10년 후 전체 사업을 이끄는 글로벌 리더가 되는 꿈을 꾸고 있었다.

코칭은 10년 후 그리고 3년 후 모습을 위한 기틀을 잡는 시간이었다. 우선, 첫 달은 매주 코치와 만나 리더로서의 비전을 세우고 리더십 스타일을 재정립했다. D 전무는 10년 후 비전을 위해 1년 후 목표를 다음과 같이 수립했다.

- 정체성: 10년 비전에 연계한 기초 체력과 마음력 계발, 그를 위한 매일 실천
- 리더십: 1년 후 리더상 정립과 그러한 리더가 되기 위한 꾸준한 매일 실천
- 커뮤니케이션: 자신의 커뮤니케이션 스타일 재정립, 10년 후 비전에 연계한 주요 이해관계자들과의 관계 재정립, 우선순위에 기반한 정기, 비정기 소통
- 영어: 회사 비전과 성과에 연계한 영어 로드맵, 최적화된 자기주도학습 시스템, 영어에 기반한 삶(최적의 물적/인적 자원-온오프 강의/에디터/학습조직과 액션러닝, 도서)

특히, 1년 중 6개월은 영어에 우선순위를 두기 위한 예비 단계로 기존의 삶과 일을 조정해 여유 시간을 만들고 기초 체력을 강화했다.

둘째, 영어 학습에 최소의 에너지를 쓰도록 설계했다. D 전무는 2주 동안 주 2회 아침 8시에 코치와 30분 동안 통화를 했다. 코칭 일정은 영어 강의보다 일정 취소가 어렵다. 영어 일정을 우선 순위로 두는 훈련이다. 명상으로 먼저 충전하고 이어 맞춤식 영어 학습법을 찾았다. 글로벌 마인드, 영어식 사고, 발음, 억양, 기본 어휘, L/C 전략의 핵심도 나누었다. 코칭 대화로 틈틈이 글로벌 꿈을 생생하게 떠올려 동기부여를 했다.

셋째, D 전무가 코치와 만나던 아침 8시에 이제는 경험 많은 필리핀 강사가 주 2회, 1회 20분 동안 비즈니스 영어 교재를 사용해서 수업을 진행했다. 시작은 1분 BAP 명상으로 시작해 수업 몰입도를 높였다.

넷째, 3번째 달에 주 2회 10분 원어민 수업을 추가했다. 필리핀 강사와는 영어를 많이 말하는 유창성에 집중하고, 원어민 강사와는 정확성에 중점을 두었다. 매 수업 직전 10분 예습을 했다. 그날 공부할 내용을 1회 눈으로 읽고 내용 파악 후 1회 큰 소리로 읽어 발음 교정과 표현 체득을 했다. 이후 2분간 키워드 3개를 뽑았다. 수업 중에 이 3 단어에 살을 붙여 2분간 영어로 요약 발표를 하면 강사는 발음과 표현을 교정했다.

다섯 째, 위의 4단계를 진행하면서 주 1회 저녁은 외국 고객이나 지인과 영어로 소통하는 기회를 가졌고, 말이 막혔던 상황이나 표현들을 메모해두었다가 수업 시간에 확인했다. 이 과정에서 실전과 학습이 선순환을 이루게 된다.

위와 같은 과정에서 영어 실력이 빠른 속도로 늘고 동기부여도 된다. 실력이 느는 것이 느껴지면 공부 자체가 활력소가 되고 수업 취소를 하지 않는다. 바쁜 일상에서 벗어나 자신에게 집중하고 꿈을 이루는 시간이기 때문이다. Best Self 명상을 하지 않아도 자연스럽게 글로벌 꿈이 생생해진다. 무엇인가 달라지는 것을 느끼기 때문이다. 이쯤 되면 리더는 좀 더 자신감이 생긴다. 학습 조직을 결성하고 영어에 기반한 액션 러닝을 진행할 때이다. 원칙 7 사례 참조 여기에서 주의할 점이 몇 가지 있다. 첫째, 영어는 초기 진입 장벽이 높다는 점이다. 많은 다른 사람들이 영어로 고전한다. 학습이란 특히 초기에 몰입해서 집중해야 흥미도 생기고 기본기를 다질 수 있다. 일정 기간의 집중 학습과 나에게 맞는 효과적 학습법 그리고 삶에서의 꾸준한 적용이 병행되어야 습관화가 된다.

처음에는 성장하는 듯 하다가 곧 아무 변화도 없는 듯하고 심지어 퇴보하는 것 같은 느낌도 든다. 모든 성장 단계가 그렇다. 가끔씩 의도적으로 자신의 최고의 모습을 떠올리며 에너지를 되살린다. 시작은 '작지만 의미 있는 선택과 실행'이다. 점이 모여 선이 되고 선이 모여 면이 되기 때문이다. 그 면들이 차츰 모이고 모이면 내 삶이 종합 예술이 된다. 영어를 위해 자기 주도 시스템을 만들면 이후 다른 분야를 성공적으로 학습하는데 그 시스템을 사용할 수 있다. 시스템과 프로세스가 관건이다. 즉, 습관이 나의 성공 콘텐츠가 된다. 보통 코칭 6개월 차가 되면 영어가 자기주도 시스템 내에 장착되고, 1년이 되면 영어 자기 주도 시스템이 구축된다.

둘째, 실용 영어는 일상과 업무에서 실제 듣고 말하는 '살아 있는' 언어라는 것이다. 최대한 내 삶의 기반을 영어에 두는 것이 좋다. 재미교포 1세대의 경우 영어가 유창하지 않고 더 이상 영어실력이 늘지 않는 경우가 많았다. 영어는 새로 학습하는 것 없이 생업에 필요한 최소한의 영어만을 계속 사용하기 때문이었다.

미국이나 영국 등 영어권 국가에서 어린 시절을 보내지 않은 경우, 실용영어가 어느 정도 수준에 이르기까지 우리는 정규, 비정규 학습을 통해 입력과 산출 그리고 성찰을 반복하는 것이 중요하다. 예를 들어, 새로운 단어와 표현 등을 꾸준히 새로 익히고 그것을 내가 실제 상황에서 여러 번 반복해 말해야 내 것이 된다. 이를 이미지로 표현하면 다음과 같다.

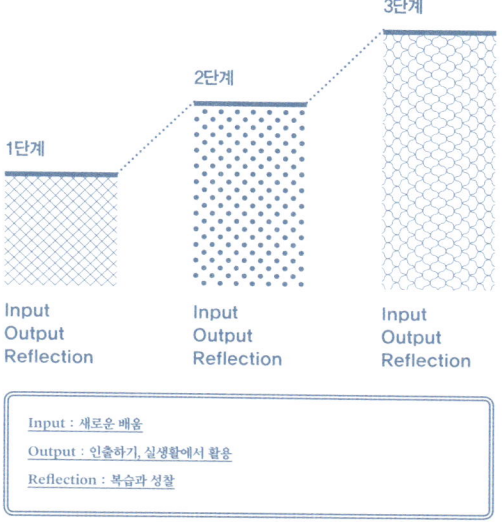

이후 1~3단계를 무한 반복해 시간이 지날수록 점증적으로 실력이 증가하는 우상향 그래프가 된다. 같은 시간을 투자했는데 다른 결과를 만드는 것이 바로 Reflection <u>복습과 성찰</u> 이다. '1. 배운 바/지난 번과 비교하여 발전한 점, 2. 달리할 점/개선점, 3. 구체적인 향후 실행계획' 순으로 정리한다. 이 단계를 의식적 훈련 차원에서 반복적으로 거쳐야 실용 영어 실력이 향상된다.

여기서 의식적 훈련이라는 말은 나만의 인식 체계에 연결하고 통합하는 체계를 갖는다는 의미이다. 내 뇌 속에 데이터베이스가 체계적으로 정리되어 있어야 꺼내 쓰기 좋다. 컴퓨터를 사용할 때 분야별, 목록별로 폴더 정리를 해두면 파일을 찾아서 쓰기 편한 것과 마찬가지이다.

독자를 위한 실용 가이드

영어에 대해 많이 사람들이 하는 이야기 중 직면해야 할 2가지가 있다.

하나, "영어 10년을 했는데 안 돼요."
결론부터 말하면 위의 말은 전제가 틀렸다. 우리가 학교에서 했던 영어는 읽고 이해하는 R/C이거나 시험용 영어였다. 그런데 사람들은 '듣고 말하기' 영어를 결과로 원한다. 콩 심은 데 콩 나고 팥 심은 데 팥 난다. 읽고 이해하는 영어를 입력 input 했으니 말하기를 산출물 output 로 기대할 수는 없다. 강릉 가는 고속버스를 타고 부산에 도착하기를 기대할 수 없는 것과 마찬가지이다. 다행인 것은 영어를 읽고 이해하면 기본 영문법이나 단어들은 알기 때문에 말하기나 듣기 차원에서 길이 완전히 어긋난 것은 아니다. 호법 분기점에서 강릉행과 부산행이 갈라지는 것처럼 영어 말하기도 일정 지점에서 다시 출발할 수 있다.

둘, "영어를 잘 했으면 좋겠어."
안타깝게도 이 말 앞에 사람들은 '노력 없이, 쉽게, 다른 것들을 포기할 필요 없이'라는 말을 생략하고 말한다. 영어에 대해 생각하고 말하는 것과 실제 학습을 하는 것과는 별개이다. 게다가 영어 학습법에 대해 읽고 나면 왠지 안심이 되고 벌써 영어를 좀 잘하게 된 듯한 기분이 든다. 하지만 이런 시도로 실제 영어 실력이 달라지지 않는다. 대부분의 경우 영어 학습법을 몰라서 우리가 영어를 못 하는 것이 아니다. 프랑스 요리를 만드는 법을 책으로 공부한다고 배부른 것이 아니다. 프랑스 요리를 직접 먹어야 배가 부른 것처럼 영어도 마찬가지이다. 듣고 따라 하고 여러 번 반복해서 자연스럽게 외워야 입에서 자연스럽게 나오는 거다.

그간의 경험으로 보면, 처음 16주는 월~금 하루 3시간을 듣고 말하고, 1년 동안 하루 1시간, 약 250시간을 듣고 말하는 것에 투자하면 초급 수준의 자기 표현이 가능하다. 총 500시간을 듣고 말하는 것에 투자해야 어느 정도 중급 수준으로 자신을 표현할 수 있게 된다. 이에 반해 실제 사람들이 학창 시절 10년 동안 영어 듣기와 말하기를 실습했던 시간을 합산해보면 얼마 되지 않을 것이다. 1970~1980년대 한국에서 중고등학교 시절을 보낸 사람들의 경우, 듣고 말하는 것에 투자한 시간이 평균 2백 시간 넘기기 힘들다.

유익한 정보와 학습 자료 그리고 영어 전문가들이 넘치는 세상이다. 그러나 영어를 위한 핵심 질문은 '영어를 하면 뭐가 좋아요?'가 아니라 '나는 누구이고 이것을 왜 하고자 하는가?'이며, '무엇을 목표로 어떻게 습관화하고 삶의 일부로 만들 것인가?'이다. 중요한 것은 나와 맞는 방법을 찾는 것이다.

초급의 경우 '작고도 규칙적인 성취 경험'이 중요하다. 성취감을 통해 재미를 느끼고 '나도 할수 있다'고 계속 자신감을 쌓는 것에만 초점을 맞춘다. 영어 기초에 필요한 6개월 중 꿈을 만드는 첫 달과 영어를 시작하는 둘째 달이 성공 열쇠이다. 첫 한 달은 꿈을 만들면서 동시에 재미에만 집중한다. 영어 퀴즈 앱, 영어 노래, 영화 앱들을 활용해 점수 올리는 미션을 해도 좋고 노래 레퍼토리를 늘려도 좋다. 초반 몰입이 성공의 열쇠이다.

초급만 넘어가면 중급부터는 비용을 많이 들이지 않고 삶도 영어도 변화시킬 수 있다. 좋은 어학원들도, 프로그램과 모바일 앱도 셀 수 없이 많다. 네이버나 다음에도 좋은 영어 관련 카페들이 많다. 한국Meet up만 해도 매주 수백, 수천 개의 행사들이 있다. 밋업 www.meetup.com/ko-KR/ 언어 교환을 할 수도 있고 영어에 기반한 활동도 매일 참여할 수 있다. 토스트매스터즈 www.toastmasters.org 같은 리더십 트레이닝 모임에 매주 1회 참석해 6,000원 정도의 장소 비용만 내도 영어와 리더십을 향상시킬 수 있다. 좋은 사람들을 만나는 것은 멋진 보너스이다. 단어를 외울 때는 Duolingo 등 단어 퀴즈도 유용하다.

고급 단계에서는 내 관심 분야에 맞추어 영어를 공부하는 것이 좋다. 영어 성경 앱을 활용하거나 불교방송 www.btn.co.kr 의 <환산스님의 영어로 배우는 참선> 등도 활용할 수 있다. 유튜브 www.youtube.com 나 TED www.ted.com 도 보물창고다. 영어로 다양한 봉사활동도 할 수 있다. 저자의 경우 외국인들을 대상으로 영어로 코칭하거나 법문 통역을 하고 기타 다른 봉사활동을 영어로 진행한다.

비즈니스 영어와 관련해서는 내 개인 경험과 비즈니스 고객들의 평가에 기반해 주로 당근 영어 www.carrotenglish.com 와 스피쿠스 www.spicus.com 를 추천한다. 두 곳 모두 꾸준한 연구 개발에 기반한 탄탄한 콘텐츠가 강점이다. 당근 영어의 경우, 파견 강의, 집합식 교육, 전화 수업과 온라인 강의 등으로 글로벌 커뮤니케이션 역량을 키운다. 스피쿠스의 경우, 이벤트 기간에 1년 수업을 신청하면 정가 대비 40~50% 저렴한 수업료로 수강이 가능하다. 다만, 1년 수업의 경우, 원칙 5에 의거해 자기주도 시스템을 어느 정도 갖춘 후 도전해야 중도 포기가 없다. 나에게 맞는 강사를 만날 때까지 2~3인 정도 강사 교체를 해보는 것도 추천한다.

이 외에도 좋은 영어 교육 업체와 정보들이 많다. 그럼에도 그 어떤 자원이나 수업보다 중요한 것은 '꿈'이다. 꿈이 생생하고 간절하면 사람도, 자원도, 방법도 어떻게든 찾아지기 마련이다. 꿈을 기반으로 시스템과 프로세스를 구축하는 것이 관건이다.

제 2 장 | 성공 원칙 6

People
인적 후원환경을 구축한다

일은 자아실현 방법 중 하나다. 고객은 나를 성장시킨다. 내 전문성을 나눌수록 실력이 늘어난다. 연륜이 실력이다. 자연스레 우리는 일과 관련한 꿈과 목표가 많다. 꿈에는 실행이라는 동반자가 필수다. 꿈만 꾸면 몽상가에 불과하다. 꿈을 쉽고 즐겁게 그리고 효과적으로 이룰 수 있도록 도와주는 인적, 물적 환경이 꿈을 이루기 위한 후원환경이다. 이 후원환경은 여러 형태로 구축할 수 있다. 그 중 '사람'은 최고의 자원이자 후원환경이다. 서로를 끌어주고 서로의 변화에 긍정적으로 영향을 줄 사람들로 구성된다.

장기 비전과 중단기 목표를 설정했다면 이 목표를 이루기 위한 인적 네트워크를 만든다.
이 인적 후원환경을 이미지로 표현한다면 아래와 같다.

[인적 후원환경 지도]

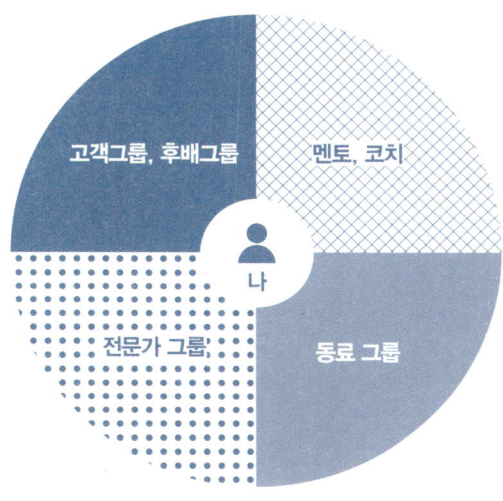

인적 후원환경에는 멘토, 동료 그룹, 전문가 그룹 그리고 고객 및 후배 그룹이 있다. 이 4개의 그룹을 통해 상황 별, 사안 별로 필요 정보와 인맥 그리고 지지를 받을 수 있다. 이 4그룹을 효과적으로 그리고 유기적으로 구성하고 유지하는 것이 관건이다.

코치는 대화와 프로세스의 전문가로 리더가 원하는 목표를 이루도록 돕는다. 리더는 코치와 함께 삶 전체를 하나의 그림으로 보며 조화와 균형 속에 원하는 바를 이루기 위해 인적 후원환경맵을 설계하고 관리한다.

멘토는 내가 목표로 하는 분야에서 내가 되고 싶거나 따라 배우고 싶은 존재를 의미한다. 멘토는 존경하는 선배 리더일 수도 있고 직속 상사일 수도 있다. 학창 시절 교수님이나 조직의 선배일 수도 있고 해당 분야 외부 전문가일 수도 있다. 성품과 역량 모두 검증된 최고 수준의 전문가라면 더욱 좋다. 피터 드러커와 같이 나에게 영감을 주는 구루이되 이미 고인이 되었거나, 생존해있지만 물리적인 여건 상 서로 만날 수 없는 사람도 가능하다.

저자의 경우 무여 스님과 Pam 코치를 멘토로 삼았다. 나는 스님처럼 언어를 넘어 상대에게 울림을 주고 싶고 Pam 코치처럼 전세계를 다니며 개인과 조직의 잠재력을 깨우고 싶었다. 평상시 우리는 늘 고민과 잡념 그리고 여러 감정에 쌓여 성급해지고 시야도 좁아진다. 여기에 큰 고민이 생겨 스트레스를 받으면 우리는 미궁에 빠진다. Pam 코치는 내가 고심할 때 이렇게 묻곤 했다. 'What would your teacher do in this situation?' 질문을 받는 순간, 내가 생각도 못했던 지혜로운 답이 나왔다.

자신이 존경하는 분-저자의 경우 무여 스님-의 의식으로 들어가는 것은 마중물이다. 스승의 의식 수준으로 나를 전환시키면, 또는 내가 모른다는 생각만 버려도 나는 무의식의 무궁무진한 지혜 창고로 연결된다. 높고 긍정적인 에너지를 가진 그 어떤 것도 마중물이 될 수 있다.

우리가 자연 속에 있거나 운동이나 샤워를 하고 또는 명작을 감상하거나 좋은 음악을 들을 때 몸도 마음도 풀리며 영감도 받고 어떤 답을 찾게 된다. 즉, 어떤 사람이나 대상에 의해 내 의식이 긍정적이고 높은 차원으로 올라가면 올라간 의식 차원의 지혜를 만난다. 구름이 걷히면 푸른 하늘이 드러나듯이 부정적 생각이나 감정에서 벗어나면 나는 이미 지혜로운 존재이고 최고의 모습은 바로 지금 여기에 있다.

자신의 미래 모습을 멘토로 삼아 자문자답을 할 수도 있다. "10년 후 나는 지금의 나에게 어떤 이야기를 할까?" 코칭에서 해답을 찾을 때 자주 미래의 나와 대화를 나누도록 한다. 이 질문에 꾸준히 답하면서 답도 찾지만 동시에 내면의 지혜를 끌어내는 훈련을 하게 된다. 덕분에 시간이 갈수록 스스로 코칭을 하는 셀프 코칭 역량이 커진다.

동료 그룹은 함께 꿈을 이루어간다는 차원에서 매스터마인드 그룹 mastermind group 으로 불리기도 한다. 종사하는 분야, 나이 또는 성별이 달라도 좋다. 같은 의식으로 꿈을 꾸며 정기적, 비정기적으로 만난다. 이업종의 경우 서로 다른 전문 분야에 대해 배울 수도 있다. 이때 쌓인 신뢰를 기반으로 함께 일하기도 한다. 그룹 중 특정 1인과 상호책임 파트너십을 만든다. 꿈을 이루기 위해 각자 실행계획을 실천하며 서로를 응원하고 진척상황을 함께 점검하는 특정 파트너이다.

글로벌 기업 C 사의 I 상무는 입사 후 지난 17년 간 정신 없이 달려왔다. 6개월 동안 그룹 코칭을 받으면서 비로소 주변을 돌아보기 시작했다. 그녀는 코칭에서 리더십의 중요성을 인식했고 무엇보다 동료 임원들 또한 자신과 같은 리더십을 고민한다는 사실에 안도했고 공감했다. 동료들과 해답을 찾으며 유익한 인사이트를 얻었고, 그들에게 보다 친근감을 느꼈다.

코칭이 끝난 이후에도 그녀는 에너지 레벨을 계속 유지하기를 원했다. 코치는 같은 회사 여성 임원 A를 연결했다. 두 사람 모두 역할 모델이 없는 워킹맘이었다. 우리 세 명은 분기당 한 번씩 만났고 두 리더들은 서로 다른 성격을 통해 배우고 일에서, 가정에서 고군분투하는 속 얘기를 털어놓으며 위로를 받았다. 일 년에 한 두 번은 찾아오는 대형 스트레스와 퇴사 위기도 함께 넘었다. 코치는 기업 여성 임원들과 중간 관리자들의 연합인 WIN Women in Innovation, http://www.win.or.kr/2011/ 도 안내했다. I 상무는 다음 해 연말에 최고의 부서장으로 선정되었다.

E 기업의 C 상무는 4명의 팀원들과 초일류 조직문화를 위한 학습조직을 구성했다. 원하는 조직문화를 함께 정의하고 타기업들의 사례를 벤치마킹하면서 그 과정에서 서로를 더 알아갔다. 기술과 신뢰를 기반으로 회사가 시장의 인정을 받았고 도전과 기민성이 미래 성공 DNA가 '도 전과 기민성'이라는 것도 재확인했다. 멤버들은 각자의 현장에서 이 DNA를 전파하고 솔선수범하기로 했다. 조직의 방향성이 정해지자 이를 기반으로 각자 개인 코칭 목표를 작성했다.

이후 격주로 코치와 만날 때마다 목표 대비 자신이 이룬 것을 점검하고 성공 요인을 성찰해 나갔다. 성찰하면서 학습을 심화하고 이후 메인 세션에서 리더십과 커뮤니케이션 스킬을 배우고 실습했다. 명상으로 평정심을 키웠고 감수성 대화를 통해 자신의 감정과 상대의 감정을 찾고 이해하며 연결되기 시작했다. 소통 문화를 만들어가는 작은 시도였다. 특히 경청하고 상대 입장에 동의를 한 후 자신의 의견을 피력하는 훈련에 집중했다. 또한 말을 할 때는 상대의 눈과 마주치며 미소를 짓는 훈련을 했다.

참가자들이 즐거운 마음과 행복한 표정으로 업무에 임하니 주변 분위기도 서서히 활기를 띠며 긍정적인 변화가 일어났다. 자발적 몰입으로 연결되었고 개개인의 능력 발휘가 성과를 내며 자연스레 조직의 인정과 개인의 만족감을 고취시켰다. 3개월 후 멤버들은 코칭 전과 비교해 회사 조직문화에 대해 이야기를 나누고 실천할 수 있는 기회가 생긴 것에 호의적이었으며, 멤버 간 상호 신뢰가 깊어졌고 바쁜 때일수록 더 대화가 필요하다는 것을 재인식했다고 이야기했다. 이런 선순환으로 개인과 팀 차원에서 행복이 수반되었다. 조직 내 사람들의 얼굴 표정이 밝아졌고 사업본부의 만족도가 높아졌다.

전문가 그룹은 내 꿈을 이루는데 도움을 줄 후원환경과 자원으로 활용한다. 저자의 경우, SNS 전문가, 마케팅 전문가, 의식이나 영성 전문가, 글쓰기 전문가, 출판사 대표, 요가 전문가 등 다양한 분야에서 도움을 받고 협업을 할 전문가 모임이 있다.

J 사의 D 전무는 효과적인 영어 커뮤니케이션을 위해 지원 그룹을 만들었다. 코치는 D 전무와 함께 과정을 설계하고 그룹에 합류할 영어 전문가들을 섭외했다. 코치는 전체 과정을 진행하며 지속적으로 피드백을 했다. 3개월 후 코치는 D 전무가 독자적으로 그룹 관리를 할 수 있도록 안내했다. 자기주도 시스템의 일환이었다. D 전무의 비서가 진행 보조를 하고 학습 매니저 역할을 했다. 그녀는 영어 과제를 점검하고 오답 노트를 정리했으며 D 전무의 학습 일정을 관리했다. 지원 그룹은 비원어민 그리고 원어민 영어 강사 각 1인과 다수의 영어 에디터들로 구성되었다.

마지막으로 고객 그룹이다. 고객에는 유료 고객과 무료 고객이 있다. 유료 고객은 말 그대로 내가 제공하는 것에 대해 금전적 대가를 지불하는 사람들이다. 무료 고객은 내가 배운 것을 가르쳐 줄 수 있는 후배들이나 봉사 대상으로 삼고 있는 사람들 그룹이다. 훌륭한 전문가가 훌륭한 고객을 만들고 동시에 훌륭한 고객이 훌륭한 전문가를 만든다. 나누면서 더 성장한다. 후원 환경은 마스터마인드 그룹이나 학습조직에서 그치지 않는다. 리더들은 자신이 상사나 동료들에게 어떤 후원과 지지를 하고 있는지도 정기적으로 점검한다. 리더십만큼이나 자신의 팔로우십 followership 도 중요하다. 계속 정기 점검하면서 업그레이드를 해야 한다.

리더를 위한 성공 원칙 6 적용 사례

상해 도심에서 작지만 강렬한 움직임이 일어나고 있다. 다양한 국적의 여성들이 '양성 평등'을 위한 여성 리더 모임 결성에 뜻을 같이 했다. 이들은 창업가, 다국적 기업 리더, 경영 컨설턴트, 코치, 프리랜서 전문가 등 다양한 직업을 가진 20~30대 여성들로 유창한 영어 실력에 똑똑하고 열정적이며 함께 사회 변혁을 이루고자 하는 차세대 리더들이었다.

저자는 이들을 대상으로 그룹 트루 셀프 코칭을 진행했다. 첫 세션은 '아무런 제약이 없다면 어디서 누구와 무엇을 하시겠습니까?'라는 질문으로 시작했다. 자신의 무한 잠재력을 얼마나 믿는지를 점검할 수 있는 좋은 기회였다. 참가자들은 파트너와 1대1 대화를 하며 자신의 무한 잠재력이 발현된 모습을 꿈꾸었다. 참가자 모두 자신의 내면에서 솟아나는 열정으로 얼굴이 점점 상기되었다.

이어 참가 여성들은 10년 후 장기 비전과 중단기 목표를 세우기 시작했다. 서로의 꿈을 구체적으로 알아가며 서로 깊게 연결되었고, 그들은 눈을 반짝거리며 어떻게 자신의 파트너가 꿈을 찾고 이루는 것을 도울지 나누었다. 서로가 서로의 꿈을 위해 든든한 상호 책임 파트너가 될 것을 약속했다.

곧이어 팀 빌딩에 들어갔다. 먼저 그룹 리더를 만장일치로 선출했다. 리더로 선출된 중국 여성 M은 코치의 안내에 따라 전체 팀 회의를 주재했다. <True Self Journey>로 그룹명을 정했다. 흥겨운 대화 속에 분위기는 점점 고조되었다. 자신들이 왜 함께 하고자 하는지 목적의식을 분명히 했다. 이들은 (1). 자신의 진정한 모습, 즉 참나를 찾고, (2). 각자의 꿈을 이루며, (3). 정기, 비정기적으로 만나 즐거운 체험활동도 같이 하며, 동시에 (4). 함께 사회 변혁을 위한 프로젝트를 진행하며 집단 지성을 나누기로 했다. 이어 각자의 R&R [Roles & Responsibilities] 을 정하고 그룹의 기본 규칙을 만들었다.

저자가 중국에 없을 때는 M과 스페인 여성 I가 그룹의 코치 역할을 하기로 했다. 이들은 무료 온라인 화상, 음성 통화 서비스 스카이프 http://skype.daesung.com/ 나 중국의 No. 1 온라인 메신저 위챗 https://web.wechat.com/ 으로 저자와 온라인 회의를 하며 리더십 코칭을 받았다.

M과 I는 코칭 중 자신의 개인 목표를 성찰하며 새로운 단기 목표를 세우고 실행계획을 세웠다. 이어 그룹 코칭을 진행하는 방법과 구체적인 코칭 스킬을 배웠다. 어떤 코칭 질문들을 사용하여 그룹을 이끌어야 하는지도 익혔다. M과 I는 다양한 코칭 스킬들 활용해 <True Self Journey> 그룹 모임에서 멤버들을 이끌기 시작했다. 모임이 점차 공고해졌고 그 안에서 상호책임 파트너십이 지속되었다. M과 I는 멤버들이 즐거워하며 성장하는 모습을 보면서 행복감을 느꼈다. 동시에 그들은 그룹 코칭을 진행하면서 코칭 스킬을 체화했다. 멤버들은 이들에게 감사했다. 자신들이 성장하면서 동시에 그룹에 기여한다는 느낌은 M과 I에게 행복감을 주었다.

멤버들은 그룹 코칭을 통해, 또 코칭 세션 외 여행도 가고 주말 브런치를 먹거나 칵테일 파티도 열며 각종 사교 모임을 통해 서로를 더 잘 알아갔다. 속 얘기도 털어놓고 더러는 소수로 따로 만나 관심이 있는 책 얘기를 하고 책 쓰기 프로젝트 계획도 나누었다. 멤버 모두 이업종 전문가였기에 다른 멤버들로부터 배울 점들이 많았다. 이를 통해 서로가 하는 일에 대해 보다 더 잘 알게 되었고 그 중 일부는 업무 프로젝트를 같이 하기로 의기투합했다. 멤버들은 사회 변혁을 위해 서로 함께 한다는 사실을 기뻐했다.

멤버들은 <True Self Journey> 모임을 통해 그룹 운영 방법을 배웠다. 각자 자신의 현장에서 진행하던 별도 모임에서도 코칭 스킬 일부를 활용했다. 더 많은 이들이 트루 셀프 코칭과 함께 교감하고 연대했다. 시작 단계에 불과했지만 저자는 이 모습을 보면서 뿌듯하고 행복했다. 이런 여성 모임들이 전세계로 확산되어 연대와 소통이 지속되기를 소망해왔기 때문이다. 앞으로도 한국에서 그리고 한국을 넘어 트루 셀프 코칭으로 더 많은 모임들이 탄생하고 사회 변혁을 위한 여정을 함께 하는 꿈이 구체적으로 실현되어감을 느꼈다.

독자를 위한 실용 가이드

시도해보고 싶은 분야가 있다면 그 분야에서 후원환경 시스템을 구축하기를 권장한다. 해당 분야에서 인품과 세계적 역량을 갖춘 멘토를 만나는 것이 시작이다. 잘 가르치는 사람이면 더 좋다. 잘 아는 것과 잘 가르치는 것은 다르기 때문이다. 히딩크 Hiddink 감독의 경우 세계 최고의 선수는 아니었지만 2002 월드컵을 포함, 뛰어난 감독이었다.

멘토 후보자가 진행하는 강연, 세미나 등에 참석하는 것도 좋다. 참석한 덕분에 친밀함을 쌓고 나눌 이야기가 생긴다. 동시에 그의 전문성과 가르치는 역량을 확인할 수 있고 서로가 얼마나 통하는지 점검해 볼 기회가 생긴다. 세계적인 전문가를 만나는 것이 어렵다면 일단 만날 수 있는 최고의 전문가를 찾는다. 그 전문가의 스승이나 또 다른 전문가와 연결이 된다. 관련 세미나에서 참가자들로부터 정보를 얻을 수도 있다. 이런 과정을 2~3번만 거쳐도 내가 원하는 멘토를 만날 수 있다. 실력이 어느 정도 쌓이면 내 스스로 별도 그룹을 만들어 코치나 가이드 역할을 한다. 통상 어떤 것을 90%는 알아야 가르칠 수 있다고 한다. 또한 반대로 가르치거나 코칭할 기회를 만들면 그 분야를 연구하고 실천하게 되니 자연스럽게 전문성이 생긴다. 어느 정도 전문성이 생기면 그 다음 단계는 어떻게 더 창의적으로, 즐겁게, 의미 있고 건강하게 코칭을 진행할 것인가가 관건이다. 이렇게 진행 내용이나 형식을 지속적으로 개해가면 더 동기부여가 되어 몰입할 수 있기 때문이다.

가령, 저자의 경우는 건강하고 아름다운 삶에 관심이 많았다. 지난 10년 넘게 <True Wellness Coaching> 프로그램을 만들어 여러 차례 진행했다. 2017년 겨울에는 저자 혼자 댄스 수업 선생님과 댄스 동영상 찍기 이벤트를 진행했다. 1달 동안 기본기에 집중하고 이후 1달 동안 그룹 수업과 1대1 수업을 병행하면서 영화 <무랑루즈> OST 노래에 맞추어 춤 동작을 설계하고 연습했다. 동영상으로 춤추는 모습을 찍는 날에는 정식 풀 메이크업을 하고 춤추는 모습과 그 전후를 영상과 사진으로 찍었다. 준비하고 영상을 찍는 순간순간이 즐거웠다. 내게 즐거운 추억도 선물하고 동시에 춤에 대해서도 좀 더 자신이 생겼다. 이런 방식으로 약 3달에 하나씩 작은 목표를 정해 몰입하고 D-Day에 그를 기념하는 축하 행사를 한다. 그 과정 중에 목표로 한 것에 대한 실력이 늘고 동시에 삶이 더 즐거워진다.

올 2월에 시작한 그룹의 목표는 '3달 후 그룹 바디 프로필 찍기'이다. 동시에 4개월 후 요가 수업 1시간 진행하기가 목표다. 조만간 요가 강사로 다시 무대에 서고자 한다. 같은 관심을 가진 사람들과 온오프 모임을 함께하니 즐거웠다. 내가 코치이니 모범이 되고자 혼자 진행했을 때보다 운동과 식단 관리에 더 집중했다.

멤버들에게 저자의 실제 체험에 기반한 노하우도 나누었다. 월 25,000원으로 전국 34개 지점 어디서나 하루 18시간 동안 이용할 수 있는 새마을 휘트니스 http://saemaulfit.co.kr 1년 회원권도, 매일 3끼 식단을 올리기만 해도 4개월 후 100% 환급을 보장하는 건강 앱 Noom https://noom.co.kr/moneyback.html 도 내게는 고마운 건강 도우미이다.

덕분에 나는 더 건강해졌고 4개월 동안 6.8kg을 빼고 복근을 만들었으며 Noom 고객 모델로 선정되어 인생 사진도 찍었다. 건강과 운동 또한 내 전문 코칭의 일환이 되었다. 나는 명상도, 요가도 같은 과정으로 전문가가 되었다. 먼저 배우고 이후 지도자 과정을 듣고 봉사하고 이어 유료로 지도하거나 코칭하는 순서를 밟았다. 이후 이 분야들에 대한 책을 써서 유익한 정보를 더 많은 사람들에게 알리고 싶다.

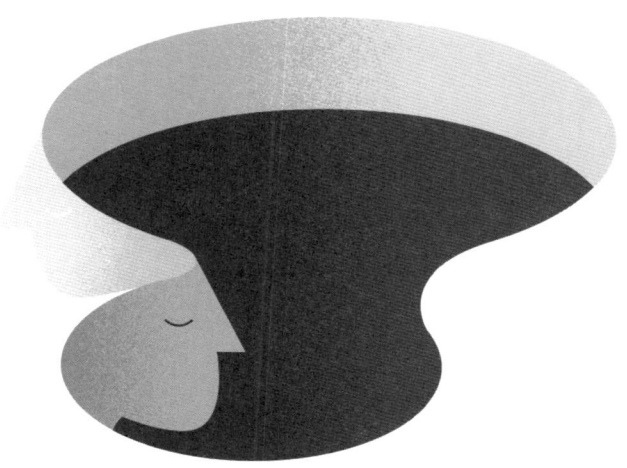

제 2 장 | 성공 원칙 7

Process
영어를 액션러닝 한다

많은 기업이 경쟁력을 갖추기 위해 인적 자원 계발과 관리 HRD & HRM, 특히 리더십 교육에 비중을 두고 투자하고 있다. 특히, 기업교육에서 '비공식 학습 Informal Learning '의 중요성이 대두되고 있다. 강사나 훈련자의 주도로 이루어지는 공식 학습과는 달리 학습자가 적극적으로 참여하는 비공식 멘토링과 코칭, OJT On the Job Training, 현장학습 , CoP Community of Practice : 실천모임 등이 중요한 학습방법으로 주목 받고 있다. 2016년 5월 미국 콜로라도 덴버에서 열린 ATD 컨퍼런스의 핵심주제도 'Micro-Learning, Learning Community, Informal Learning, Feedback'이었다.

많은 현대인들이 하루의 대부분을 일하며 보낸다. 회사는 개인이 자아실현을 해나가며 성과를 내는 곳이어야 한다. 그래야 조직원들이 만족하고 몰입을 통해 장단기 성과를 낼 수 있다. 많은 기업들이 이 접근법을 활용해 조직 내 학습조직을 구축하고 액션 러닝을 진행한다. 일을 하면서 배우고 배우면서 일하는 과정을 통해 조직원들은 성과를 창출하고 조직과 사회에 기여한다. 이런 취지에 부합해 트루 셀프 코칭에서는 리더들이 리더십, 커뮤니케이션 그리고 영어 역량을 계발하기 위해 액션 러닝을 진행한다.

액션 러닝은 '행함으로써 배운다' Learning by Doing 는 학습 원리와 '배우면서 비즈니스 성과를 낸다'는 것을 근간으로 한다. 한국액션러닝협회 http://www.kala.or.kr/ 의 정의에 따르면 액션 러닝이란 '학습자들이 팀을 구성하여 각자 자신의 과제, 또는 팀 전체가 공동의 과제를 코치와 함께 정해진 시점까지 해결하는 동시에 지식 습득, 질문 및 성찰을 통하여 과제의 내용 측면과 과제해결 과정을 학습하는 프로세스'를 말한다. 액션 러닝은 무엇을 할 것인가 차원에서 리더 자신과 조직원들의 성장에 기반해 성과를 도출하기 위한 크고 작은 프로젝트들이다. 이 현장 과제들을 완수하는 과정에서 전문 역량을 키우고 성과를 내는 것이다. 코칭은 인식 전환 과 실행이 중요한 두 요소이다.

트루 셀프 코칭의 경우 글로벌 시대에 발맞추어 국경을 넘어선 자유로운 커뮤니케이션을 지향하기에 영어에 기반한 액션 러닝을 주로 선택한다. 영어는 그 '무엇'을 나의 주요 이해 관계자들 – 직원, 경영진, 주주, 고객, 가족 등–과 함께 실행하기 위해 관계를 맺고 소통하는 커뮤니케이션에 해당된다. 조직의 글로벌 경쟁력을 염두에 두고 글로벌 인재 양성에 힘을 쏟아야 하는 과제를 실천하는 것이다.

직원의 학습과 성장을 위해 멘토링을 학습 전략으로 활용하는 방법으로 '70:20:10 Model for Learning and Development M. McCall, M. Lombardo, R. Eichinger, CCL,1996, The Career Architect Development Planner'를 소개한다. 이 모델에 따르면 조직원들의 학습과 성장은 70은 실제 업무를 경험하고 성찰하면서, 20은 멘토링, 코칭, 학습 조직 등 다른 사람들과 소통하면서 일어난다. 마지막 10이 형식적 학습이다. 이를 이미지로 표현하면 다음과 같다.

[70:20:10 Model For Learning and Development (CCL,1996)]

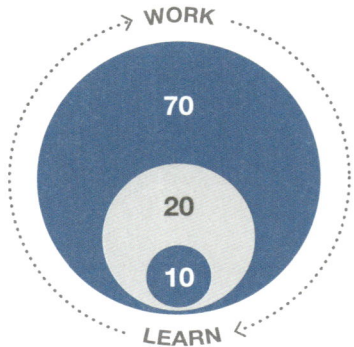

70 **EXPERIENCE** | Experiential Learning
New and Challenging Experiences
Helping Workers Solve Problems
Reflective Practice

20 **EXPOSURE** | Social Learning
Communities, Networks and Sharing
Coaching and Mentoring
Feedback

10 **EDUCATION** | Formal Learning
Structured Courses
and Programs

리더십을 바꾸는 것은 앎이 아닌 삶이다. 커뮤니케이션과 영어도 앎이 아닌 삶이 바꾼다. 코칭은 경험적 학습이다. 코치들은 리더들의 실제 학습이 업무 실행 중 주로 일어난다는 것을 알고 있다. 따라서 리더십 코칭에서는 액션 러닝과 학습 조직의 개념을 통합하고 3가지의 무형식, 형식 학습을 최적화하여 리더의 학습을 설계하고 진행한다.

즉, 회사와 개인의 목표를 체계적으로 연계하고 실제 업무에 학습을 최대한 연동시킨다. 설계—실행—성찰의 전과정을 체계적으로, 효과적으로 진행하는 프로세스에 집중한다. 성과는 높이고 기회비용은 최소화하는 접근법이다. 리더는 이 과정에서 리더십과 커뮤니케이션 그리고 영어를 통해 일을 바꾸고 커리어를 바꾸고 결국 삶을 바꾸게 된다. 더 나아가 역으로 삶의 변화를 통해 리더의 리더십과 커뮤니케이션 그리고 영어가 바뀐다.

1 단계 : 먼저 리더와 면담을 진행한다. 회사의 미션과 비전에 연계하여 개인의 미션과 비전을 수립하고 액션 러닝 주제와 학습 조직을 위한 멤버를 구성한다.

2 단계 : 학습 조직 멤버들이 모인다. 전체 과정에 대해 오리엔테이션을 진행하고 팀 빌딩을 하며 액션러닝을 위한 업무 과제를 선정한다.

3 단계 : 업무 과제 수행에 필요한 형식 학습을 받는다. 경우에 따라 리더십, 해당 업종 전문 내용, 커뮤니케이션 또는 영어 관련 학습이 전부 또는 일부 포함된다.

4 단계 : 형식 학습에서 배운 바를 기반으로 업무 과제를 수행한다. 실무를 경험하면서 배우는 경험 학습이다.

5 단계 : 학습 조직 내 멤버들과 정기, 부정기적으로 수행한 바를 성찰하고 피드백을 나눈다. 성찰과 피드백 과정에서 인식이 고양되고 리더십, 커뮤니케이션 (관계와 소통) 그리고 영어 커뮤니케이션 역량을 키운다.

6 단계 : 이 학습 과정을 통해 업무 과제를 점진적으로 수행한다. 이런 학습과 과제 수행이 점진적으로 일어나면서 결국 학습과 성과가 동시에 완수된다.

7 단계 : 최종 단계로 해당 멤버들이 모여 성찰한다. 이 전체 과정을 통해 자연스럽게 팀 빌딩과 소통을 이룬다. 각자 현장으로 돌아가 이 경험을 전파할 실행 계획을 만든다. 축하하며 과제 완수와 성장을 공식 마무리를 한다.

리더는 개인 차원에서 또는 그룹과 함께 액션 러닝을 진행할 수 있다. 예를 들어 〈해외 시장 확대〉나 〈초일류 조직문화〉 등을 위해 다른 조직원들과 학습 조직을 운영하며 액션 러닝을 진행할 수 있다. 리더와 조직원들로 구성된 4~5인 팀을 구성한다. 해외 매출 증대, 잠재 고객 발굴, 재무 성과를 낼 인재 양성, 체계적으로 이런 매출 증대와 글로벌 인재 양성을 이루는 조직 문화 구축 등을 기대효과로 정할 수 있다.

A 사 Y 전무는 영어를 잘하는 해외 고객 담당자들 중 자신과 해외 고객사 관련 영어로 스터디를 하고 글로벌 커뮤니케이션 전략을 논의할 3인을 선발해 학습 조직을 만들었다. 이들과 영어로 된 관련 자료를 읽고 영어로 토론했다. 학습과 실행을 빠르게 반복하여 학습 효과를 높였다. 각자의 영어 커뮤니케이션 스타일을 재정립하고 개인 목표 수립 후 실행계획들을 실천했다. 커뮤니케이션을 하면서 각 직원들의 장단점도 파악했다. 이는 Y 전무에게는 직원들을 코칭할 포인트가 되었다.

학습 조직에 동참한 직원들은 Y 전무가 어떻게 리더십을 발현하고 소통하는지 관찰했고, 시사 현안들을 토론하면서 사고방식을 배웠으며 그가 세상을 이해하고 받아들이는 관점도 배웠다. 해외 고객사 출장을 준비하면서 경쟁과 협력을 아우르는 법도 실습했다. 고객사 현황과 현안을 정리해서 대응 방안을 논의했으며 커뮤니케이션 전략을 세웠다. 서로의 역할도 정하고 다양한 상황별 시나리오를 구성하여 A 사 대 고객사 2팀으로 나누어 영어 협상을 여러 번 모의진행 했다. 여러 비상 상황에 대비한 위기 관리 시나리오 *Contingency plan* 를 준비해 여러 차례 시뮬레이션도 했다.

어떤 실행계획들은 영어 자체가 아닌 커뮤니케이션 훈련이었다. 비즈니스 성과는 영어만이 아닌, 영어를 포함한 리더십과 커뮤니케이션에서 나오기 때문이다. 특히, 이 과정에서 영어로 커뮤니케이션을 할 때 드러나는 존재감인 '영어 프레즌스'에 집중했다. 간단한 변화 하나가 상대에게는 다른 인상을 줄 수 있다.

예를 들어 Y 상무는 '영어로 말할 때 상대의 눈을 바라보며 환하게 미소 짓기'를 목표로 했다. 한국이나 아시아 지역 대부분이 모국어로 얘기할 때도 미소가 많지 않다. 특히, 모국어가 아닌 영어를 할 때는 의식이 영어 말하기로 옮겨가면서 평소에 약한 스킬이 더 극명하게 외부로 드러난다. 하고 싶은 말을 머리 속에서 영어로 옮기느라 얼굴이 굳어지기 쉽다. 이는 상대에게 '우리 의견에 대해 불쾌한가?'라는 딱딱한 인상을 줄 수 있다. Y 상무는 한 달 가량 미소 짓기에 집중했다. 이후 우리말을 할 때도, 영어를 할 때도 표정이 훨씬 부드러워졌다. 작은 실행이 상대의 마음을 움직이는 긍정적 효과를 만들어낼 수 있다.

참고로, 개인 차원에서도 액션 러닝을 진행할 수 있다. 세계를 다니며 일을 하고 싶어 한 K 상무는 〈글로벌 커리어 만들기〉를 자신의 액션 러닝으로 삼았다. 자신의 삶과 일을 성찰하는 과정에서 자신의 어린 시절 꿈을 떠올렸고, 그녀는 세계를 다니며 일을 하고 싶었던 꿈을 기억해냈다. 마침 다국적 기업인 그녀의 회사는 한국과 아-태 지역에서 급성장 중이었다. 그녀는 그간 한국팀이 보여준 성과나 가지고 있는 역량 대비 부하직원들이나 한국팀을 본사에 어필하는 데 있어서 소극적이었다고 자평했다. K 상무는 한국을 넘어 아시아를 무대로 활동하는 전문가가 되기로 계획을 세웠다.

그녀는 전문가로서 회사의 제품에 대한 지식을 심화하는 한편, 임원으로서 회사의 중, 장기 전략에 대한 큰 그림을 이해하고 적극적으로 동참하기로 했다. 본사와 지속적 커뮤니케이션을 하는 중에 K 상무는 아시아 차원에서 자신이 기여하고 싶은 역할을 찾았다. 자신이 한국팀과 동반 성장하고 후배들에게 길을 열어주며 동시에 코칭한다는 목표였다. 그녀는 시뮬레이션에서 코치를 아-태 지역 대표라고 가정하고 자신이 가지고 있는 본사와 아-태 지역 비전을 이야기했다. 시뮬레이션이 끝나고 그녀는 스스로 피드백을 했다. 잘한 점과 개선점이 여러 개 도출되었다. K 상무는 자신의 희망을 피력할 때 두려웠고 긴장을 하면서 목소리가 떨렸다. 나는 감정 코칭을 통해 그녀가 감정을 다스리도록 도왔다. 그녀는 영어를 할 때 적극적인 제스처로 음성에 강약을 주면서 의견을 피력하는 훈련도 병행했다.

마침 아-태 지역에 자리가 생겼고 그녀는 그 자리에 도전했다. 아-태 지역 대표는 그녀의 도전을 환영했다. 그간 한국의 많은 리더들이 글로벌 무대에서 다른 나라들에 비해 소극적이라고 생각해왔던 대표는 K 상무에게 문건으로 자신의 의지를 피력해보도록 했다. K 상무는 문서로 글로벌 꿈을 표현했다. 그간 온라인 영어 수업에서 새로 익힌 세련된 고급 표현들도 활용했다. 그 과정에서 코치인 나는 그의 쓰기 커뮤니케이션 패턴을 발견해 서구권이나 영어 커뮤니케이션 세계에서 선호하는 두괄식을 사용하도록 피드백도 주었다.

또한 반복되는 have to나 must 같은 너무 강한 표현들은 서구에서 어필할 만한 표현과 패턴을 활용할 수 있도록 안내했다. (양괄식으로 배치하면 상대가 중요 내용을 재인식할 수 있다.) 우리는 내용과 형식을 수정했다. K 상무는 최종본을 홍콩에 있는 아-태 지역 사무소에 제출했다. 이어 홍콩에서 긍정적인 회신이 왔다. 그녀의 꿈이 현실이 되었다. 그녀는 한국을 떠날 준비를 시작했다. 준비 기간 동안 K 상무는 자신의 리더십을 돌아보고 이문화권에서 생길 수 있는 상황들을 예상해 위기 대처 시나리오들을 만들었다. 이어 싱가포르의 현황을 파악하고 지인들을 통해 현지 사람들을 미리 소개받았다.

그녀는 영어 공부를 더 강화했고, 현지에 있는 지인들을 통해 개인 인맥은 만들기로 했다. K상무는 홍콩의 삶과 관련해 자신의 Best Self를 그렸다. K 상무는 준비를 잘 끝내고 홍콩으로 떠났다. 이 과정에서 리더십을 키우고 본사와 홍콩 리전 Region 그리고 한국 지사와 보다 깊은 관계를 맺고 적극적으로 소통하며 홍콩의 현황을 파악했다. 무엇보다 자신이 원하는 바를 찾고 하나 하나 이루어 나가면서 자신과 깊은 소통을 하게 되었다. 영어 커뮤니케이션 역량도 키웠다. 이제 그녀의 삶과 일이 한층 충만해졌고 그 덕분에 또 다시 리더십과 커뮤니케이션 그리고 영어 실력 또한 한결 자연스러워졌다. 이제 그녀는 한국과 다른 지역의 후배들에게 보다 넓은 세상을 보여주겠다는 꿈을 꾸고 있다. 꿈이 그녀의 삶을 바꾸었고 이제는 그 삶이 그녀의 꿈을 바꾸고 있다.

리더를 위한 성공 원칙 7 적용 사례

D 전무는 자기주도 시스템에 기반해 본격적으로 '미국 J 사 성공 출장'이라는 액션러닝을 시작했다. 리더가 글로벌 비즈니스에 대한 정체성을 가지고 비전을 확립하며 전략과 실행 계획을 수립해 목표 달성을 돕는 과정에서 많은 성장을 한다. 액션 러닝 과정 중 리더 자신의 글로벌 역량 계발, 에너지/스트레스 관리, 인재 양성, 국내외 네트워크 개척과 관리가 함께 이루어진다. D 전무는 이번 성공 출장을 아래와 같이 정의했다.

1) 출장 시 미팅에서 상대 사장에게 좋은 첫 인상을 남기고 서로 적극적으로 다음 만남에 대해 협의하며 일정을 정하는 것, 2) 성공적인 출장에 따른 성취감과 자신감 20% 향상, 3) 1시간 동안 만찬을 하면서 대화가 끊기지 않고 환담할 수 있는 소재 10가지 개발, 4) 함께 출장을 가면서 팀원들의 이야기를 경청하여 각 팀원들이 느끼는 회사 현장 최우선 과제를 인당 최소 2개 이상 파악, 5) 팀워크: 한국 출장팀 간 즐거운 관계 형성, 다음 출장에 대한 기대감 갖기 등. 이런 과정을 2~3 차례 진행하면 이후 2~3시간만 투자해도 출장의 구체적 목표와 설계를 완료하고 준비할 수 있다. 모든 일이 그렇듯이 10%의 준비가 성공의 90%를 결정한다.

목표에서 유념할 것은 이번 출장 목표를 이루기 위해 자신과 직원들이 어떤 역량을 어느 수준까지 개발할지, 출장에 동행한 직원들과의 관계 차원에서 무엇을 목표로 할 것인지, 상대방 핵심 인물과는 어떤 관계를 만들고 무엇에 대해 논의하고 협상할 것인지, 위기 대처 시나리오는 무엇인지를 논의하고 비공식적으로 나눌 대화 주제 3~4개도 포함시켜 만반의 준비를 했다.

출장 단계별 확인 사항들은 다음과 같다.

[출장 단계별 확인 사항]

사전 업무	**전략수립** : 참석목표설정, 대상 및 인원, 방법, 자기 소개(이미지 전략 수립), 우리측 역할 분배 **정보확인** : 숙소, 업계 동향(한국, 해외), 복장(Dress code), 방문지 조사 **준비물** : 명함, 상대 연락처, 일정표, 질문지, 선물/기념품
현지 미팅	**네트워킹 및 3자 소개 받기** : 환담 시간 적극 활용 **정보 취합**
사후 업무	**명함 정리, 감사 서한, 이메일** **조직 내 보고 및 향후 전략 수립**

D 전무는 도서와 관련 사이트를 통해 이문화 지능을 올리고 협상 시에 구체적으로 무엇을 어떻게 해야 하는지를 파악했다. 특히, 다문화 협상에 임하는 마인드와 관점 그리고 행동 양식에 대해서 다른 점과 유의점에 집중했다. 이어 영어로 나눌 환담 소재 50여 개를 발굴하고 그에 따른 영어 표현들을 준비해두었다. 스피쿠스의 <Business E-mail Writing>과 <Presentations & Negotiations> 교재를 이용해 평상시 비즈니스 영어 역량을 틈틈이 올렸다. 해당 교재는 변호사 출신의 실전 비즈니스 경험이 풍부한 전문가가 저자로, 글로벌 커뮤니케이션 스킬과 고품격 실전 영어 표현을 동시에 원하는 영어 중고급 실무진들에게 적당했다.

학습 조직 멤버들과 책 안에 제시된 실습을 하면 효과 만점이었다. 그의 영어 강사는 그가 영어로 시뮬레이션하는 것을 돕고 그가 문법적으로 또는 발음에서 실수할 때 정정해 주었다. 그는 해외 고객사를 방문하기 전 매번 50개 중 상황에 적절한 환담 소재를 골라 한번 더 복습했다.

출장 중 해당 소재들을 적극 활용해 대화에 임했다. 회사의 방향성 등 소신과 의지를 보여주기 위해 직접 발표했다. 그 전에는 임원들이 실무자에게 영어 발표를 맡겼었다. 목표로 한 것들을 이루고 있는지도 중간 점검했다. 점검은 5분 여 시간 동안 두 세 가지 확인 질문이면 충분했다. 중요한 것은 리더가 확인을 하면 차츰 직원들도 이를 습관화 한다는 것이었다.

귀국 후 D 전무는 코치와 함께 출장 성과와 액션 러닝 성과를 성찰하고 잘 된 부분과 다음에 개선할 부분을 집중 탐구했다. 이러한 성찰 시간을 통해 다음 번 출장을 더 성공적으로 진행할 수 있었다. 그의 이런 준비와 사후 성찰 그리고 출장 중 상대 회사에 보여주는 적극적인 태도는 상대 회사와 부하 직원들 모두에게 신선한 자극이 되었고 신뢰를 얻는 계기가 되었다.

독자를 위한 실용 가이드

리더는 차세대 먹거리를 찾고 회사의 미래 방향성을 제시하기 위해 하루 24시간을 고심한다. 이제는 미래 방향성을 제시하기 위해서라도 글로벌 시장 개척에 나서야 한다. 글로벌 시장 개척을 설계하고 목표를 수립한 후 필요한 영어를 진단하고 분석하는 것이 첫 단계이다. 글로벌 시장 개척이라는 현장 과업과 연계시켜야 리더들이 영어에 집중하고 만족도도 높아진다. 그간 많은 리더들이 영어 커뮤니케이션을 기반으로 비즈니스 목표도 달성했다. 그 성취감도, 영어 실력 향상으로 인한 개인 성장에 대한 만족도도 크다. 다만 개인 성장 목표를 염두에 두고 꾸준히 의식적인 영어 훈련을 해야 한다. 그 성장 덕분에 글로벌 비즈니스를 자연스레 이루어야 '목표-실행 계획-성찰-개선과 성과'의 선순환이 만들어진다.

우리말로 관계와 소통을 효과적으로 해나가는 리더라면 영어 커뮤니케이션 또한 상대 입장에서 진행할 것이다. 업무 현장에서 많은 학(學)과 습(習)이 일어나야 생생한 커뮤니케이션, 비즈니스와 관련 있는 영어가 가능하다. 영어로 일을 하고 파트너들과 관계를 맺으면서 영어도 늘고 향상된 영어 덕분에 일과 고객과의 관계도 긴밀해진다면 일거양득이다.

기업의 액션 러닝에는 다양한 현장 과제들이 가능하다. 특정 사업 관련 과제들로는

- 특정 제품의 새로운 시장 진출 전략
- 특정 지역의 새로운 사업 기회 평가
- 특정 사업의 외부 제휴 전략
- 특정 분야 조직 구조의 합리화 방안

등이 몇 가지 예이다. 이에 반해 전 그룹 또는 전사적으로 공통 주제가 가능하다.

- 그룹의 미래 포트폴리오 제안
- 해외 새로운 지역 진출 방안
- 우수한 인재 확보와 양성 방안
- 미래형 오픈 조직 문화 형성 방안
- 새로운 제도나 프로세스의 도입 방안 (예. 재택근무제)

영어에 기반한 액션 러닝의 범위는 맥락에 따라 다양한데, 누구나 쉽게 적용할 수 있는 영어를 활용한 현업 과제들은 다음과 같다.

Ex) 영어 액션 러닝 현장적용 샘플

현업	• 글로벌 마인드 함양 • 국제학회 참석, 영어 발표 • 방한 손님 2일간 환대 • 성공 해외출장 • 외국 동료와 친구되기 • 승진시험 영어 인터뷰	• 영어로 워크숍 진행 • 국제 행사 성공 진행 • 외국 고객 대상 창의적 우리 회사 소개 • 상대 기업의 3가지 특징 • 한국 문화 이해 방법
Target (After)		
Reality (Before)		

이밖에도 선택할 수 있는 미션들은 수백 가지이다. 해내겠다는 간절함이 관건이다. 그 과정에서 참가자들은 협업과 나 자신의 성장 그리고 업무 현안에 대한 솔루션을 찾는다. 조직의 성과, 개인의 역량 계발 그리고 팀워크 결성이라는 의미 있는 결실을 맺게 된다. 과제의 형태나 내용, 진행 방식 그리고 규모는 다양할 수 있다. 시작 단계에는 의미있지만 최대한 작은 미션으로 시작할 것을 권장한다. 여러 차례 '작고도 규칙적인 성공'을 통해 자신감을 키우고 과정에 점점 더 몰입이 될 것이다.

액션러닝에서 성찰은 중요한 요소이다. 코치와 성찰 대화를 통해 미팅에서 어떤 모습이었고 발휘한 장점은 무엇이며 다음 번에 달리할 것은 무엇인지를 점검했다. 이런 성찰 시간을 통해 리더는 준비된 모습으로 다음 모임에 참여 수 있었다. 학교에서 수업 직후 복습과 제3자 가르치기 teach-back 를 하면 배운 내용을 더 잘 기억하고 오래 남듯이, 스터디나 미팅 직후에 성찰을 하면 학습 효과가 배가 된다. 즉, 일상과 실전이 배움터가 되는 것이다.

지금껏 트루 셀프 코칭의 기반이자 토대가 되는 7가지 성공원칙을 살펴보았다. 이 7가지 원칙들은 각각 순차적으로 나타나기도 하고 때로는 동시다발적으로 나타나기도 한다. 또한 각 원칙들 사이에 상호 선순환되기도 한다. 다시 말하거니와 이 7가지 원칙들을 기반으로 리더들은 자신의 참된 정체성을 조직 내에서 체계적으로 발현해 나갈 수 있다.

EPILOGUE
'지금 여기'에서 더불어 행복하게

책 발간은 제 오랜 꿈이었습니다. 2006년 저는 책으로 무라카미 하루키 작가를 만났습니다. 어느 날 그는 내면의 북소리를 들었고 그 소리를 따라 유럽으로 훌쩍 떠났지요. <먼 북소리>는 그가 3년 간 유럽에서 자신의 삶과 문학을 치열하게 고민하며 적어 내려간 체류기입니다. 저도 여러 나라를 다니며 현지인들과 친구가 되고 소박한 일상을 살며 책을 쓰고 싶었습니다.

3년 전 수술과 교통 사고를 통해 저는 삶과 죽음 그리고 병들고 나이 들어 가는 삶의 민낯을 마주했습니다. 삶도, 죽음도 순간이더군요. 더 늦기 전에 책을 내야 겠다고 결단했습니다. 저는 외부활동을 줄이고 주말에도 하루 10시간 넘게 책을 썼습니다.

초보 작가에게는 글쓰기 자체가 버거웠습니다. 책을 쓴다고 한 시간만 앉아 있어도 엉덩이가 들썩거렸어요. 스트레스가 쌓이면 건강이고 운동이고 모두 귀찮아졌습니다. 어떤 이야기가 좋을지, 어떻게 제 마음을 표현할지 고심하며 저는 여러 차례 밤을 샜습니다. 치아가 흔들리고 잇몸도 부어 여러 번 치과 신세를 졌습니다. 영어와 마음수행 그리고 코칭처럼 책 발간도 제 모든 것을 바쳐야 끝나는 일이더군요. 지쳐 쓰러졌을 때에도 저는 버텼습니다.

제가 드디어 탈고를 하다니 믿어지지 않습니다. 책이란 육신이 사라져도 세상에 남겠다는 본능이자, 제 사랑을 이어가겠다는 기도이더군요. 어렸을 때는 제가 태어난 이유를 알고자 국내외로 다녔는데요. 이제는 죽어서도 저를 남기고 싶더라고요. 암 진단과 수술 그리고 만성통증에, 아버지의 3년 말기암 투병과 영면 그리고 어머니의 응급실행을 연달아 겪으며 제가 10년 넘게 정성을 바친 회사가 사라지고, 급기야 교통사고까지 나면서 '이건 정말 해도 해도 너무 한다' 며 비명을 지르던 순간 저는 깨달았습니다.

모든 것이 순간이라고요. 그런데도 저는 죽음이 내게는 오지 않을 것처럼 살았던 거죠. 암과 만성 통증은 회복하려고 노력할, 아니 죽음을 준비할 시간이라도 있는데 사고는 순간이었습니다. 치료약을 먹거나 가족에게 그간 미안했고 사랑한다고 말할 수 있는 1분조차 축복이었습니다.

이후 저는 '조금만 더 있다가, 이거만 하고' 하던 것들을 '지금 이 자리에서' 했습니다. 엄두를 못 내고 꿈만 꾸던 용맹정진을 갔고요. 일을 핑계로 미루던 엄마와의 식사 약속도 지켰습니다. 사랑은 상상 속 왕자님을 기다리는 것이 아니라, 인연의 씨앗을 서로 키워 가는 것이라는 것도 알았습니다. 제가 암에 걸렸다는 것을 쉽게 잊은 이에게 서운할 시간도 없었습니다.

감사할 일이 많습니다. 영어와 명상 그리고 코칭을 만나 감사해요. 영어는 존재감 없이 살던 제게 존재 의미를 알려주고 삶을 가르쳐주고 내내 저를 지켜주었죠. 명상과 코칭 덕분에 이제 저는 저다운 선택을 하고 세상과 나눕니다. 저는 더 이상 미국 사람이나 무여 스님 또는 하루키 작가를 열망하지 않습니다. 세계 최고의 CEO 코치라는 명성도 원하지 않고요.

그간 크고 작은 꿈들을 이루면서 저에 대해서 알게 되었어요. 참나 *True Self* 는 나를 떠나서, 지금 여기를 떠나서 존재하는 그 무엇이 아니었습니다. 제 꿈이, 꿈을 위해 매일 훈련하는 제가, 죽기 전에 하고 싶은 것들이 바로 저입니다.

저는 이 책과 함께 새로 태어나겠습니다. 이제 저는 어떤 삶을 살게 될까요? 확실한 것은 트루 셀프 코치로서 사람들과 더불어 행복하고 싶습니다. 앞으로 저는 제 삶을 통해 코칭이 무엇이며 코치란 누구인가를 증명하려고 합니다. 저는 많은 여성 리도들과 함께 하는 트루 셀프 코칭을 통해 삶과 일이 어떻게 달라졌는지 살아있는 증거를 만들고 싶습니다.

나이 드니 좋아요. 보이지 않던 것들이 보입니다. 사랑한다, 미안하다는 말도 제가 먼저 하고요. 얼굴에 주름은 느는데, 갈수록 저는 제가 예뻡니다. 삶의 충만함이란, 상황이 어떻든 우리가 사랑을 선택하고, 삶을 담담히 바라보고 대처하는데 있더군요. 삶이 예술이 되는 것은 삶이 쉽게 술술 풀려서가 아니라 어떤 상황에서도 우리가 사랑을, 빛을 선택하기 때문이었습니다.

부모님 덕분에 제가 태어났고 지금의 제가 있습니다. 무여 스님 덕분에 제 내면이 깨어났고 근원적 존재에 대해 알아갔습니다. 저의 멘토, Pam 코치 덕분에 코칭의 세계를 알았습니다. 이분들의 사랑을 제 심장에 담고 저 또한 다음 세대에게 사랑을 전하겠습니다. 이것이 바로 제가 지향하는 '시공간을 초월한 행복'입니다.

우리가 헤어질 시간입니다. 앞으로도 자신과 세상의 벽을 넘어, 나다운 삶을 사시기를 기도합니다. 저도 계속 저를 넘어 글로벌 세상에서 훨훨 날겠습니다. 우리가 어디에 있더라도 서로를 응원할 것을 압니다.
사.랑.합.니.다!

마음을 담아,
샤론 드림